AF470448

ESSAY

D'UNE
NOUVELLE
THEORIE
DE LA
MANOEUVRE
DES VAISSEAUX,

Avec quelques Lettres sur le même Sujet ;

PAR JEAN BERNOULLI,

Profess. des Mathem. & Membre des Academies Royales des Sciences de France, d'Angleterre & de Prusse.

A BASLE,

Chez JEAN GEORGE KÖNIG.

MDCCXIV.

PREFACE.

A Navigation eſt d'u-
ne ſi grande utilité,
qu'on ne ſçauroit la
cultiver avec trop
d'application : Elle
a deux parties, dont la premiere nommée le *Pilotage*, regarde
principalement l'uſage de la bouſ-
ſole, & comme elle eſt fondée
ſur des principes de pure Geometrie, pluſieurs Auteurs en ont
aſſez exactement écrit.   Mais
l'autre partie que l'on appelle la

)(2   Man-

Manœuvre, concerne la difpo-
fition des Voiles , du Gouvernail , & du Vaiffeau même,
que l'on doit conduire avec la
derniere circonfpection , pour
bien menager le vent & le
temps , pour profiter de leurs
avantages , & pour éviter les
dangers.

Cette derniere partie eft fans
doute la plus effentielle de la
Navigation ; mais elle eft en
même temps la plus difficile :
Elle demande une connoiffance
parfaite de la plus fublime Mechanique , tant des fluides que
des folides , dans ceux qui entre-
prennent de la traiter à fond ,
fans cela il eft à craindre qu'ils
ne s'égarent , & que leurs erreurs

ne

ne deviennent la source de divers malheurs dans la pratique.

Monsieur le Chevalier Renau, Ingenieur General de la Marine, & présentement Lieutenant General des Armées du Roy Cath., de l'Academie Royale des Sciences, est le Premier, & peut-être le seul, qui a entrepris d'approfondir cette matiere ; l'excellent Livre qu'il publia en 1689. par Ordre exprés du Roy T. C. sous le Titre de Theorie de la Manœuvre des Vaisseaux, est une preuve de ce qu'on avance ici : Feu Monsieur Huguens s'étant trouvé d'un sentiment different sur quelques principes, forma une objection contre la maniere de determiner la

)(3   Vi-

Viteffe des Vaiffeaux de Monfr. le Chevalier Renau ; Ce dernier répondit, mais Mr. Huguens repliqua ; Cette célébre Difpute ayant partagé les fentimens des Mathematiciens en France, feu Monfr. le Marquis de l'Hôpital defirant de fçavoir mon fentiment fur cela, me communiqua un état abregé de cette Difpute. Comme je n'avois encore vû le Livre de Monfieur le Chevalier Renau, & que fes raifons, telles que me les avoit rapportées Monfr. de l'Hôpital, me paroiffoient bonnes, je me determinai fans balancer en faveur de Mr. le Chevalier Renau.

Du depuis j'ai paffé plufieurs Années fans avoir eu occafion

d'y

d'y penser, & peut-être aurois-je entierement oublié cette Dispute sans une Lettre que je reçûs, il y a quelque temps, de Mr. de M . . . . . où il me mandoit, que Monsieur le Chevalier persistant dans son opinion contre Monsr. Huguens, preparoit une nouvelle piece sur sa *Theorie :* ce qui ayant reveillé ma curiosité, je voulus sçavoir précisement par moi-même, en quoi consistoit le nœud de cette difficulté ; Je lûs pour cet effet le Traité de la Theorie, qu'un Ami venoit de me communiquer fort à propos : Cette lecture a abouti à me faire reconnoître, que non seulement je devois me retracter de ce que j'avois autrefois avancé en faveur de Monfieur le Chevalier Renau fur le fimple rapport de Mr. de l'Hôpital, mais encore à me faire découvrir une autre méprife trés - importante, touchant la Dérive des Vaiffeaux, que Monfr. Huguens n'a pas remarquée, ou plutôt qu'il a paffée comme une chofe non - erronée dont il demeuroit d'accord, enforte qu'il eft tombé dans le même paralogifme, ce que je prouve évidemment dans cet Effai.

Voyant donc d'un côté que toute la Theorie de Monfieur le Chevalier Renau étoit entierement fondée fur deux principes erronés, & de l'autre que Monfr. Huguens, ce fameux Geometre, s'étoit s'étoit contenté de refuter celui de ces principes, qui concerne la Vitesse des Vaisseaux sans sub-stituer de nouvelles regles à cel-les de Monsieur le Chevalier Re-nau qu'il venoit de renverser : J'ai crû devoir faire part au Pu-blic de mes découvertes sur un sujet important ; c'est ce que j'execute dans ce Traité, où l'on trouvera la solution des questions les plus difficiles qu'on puisse former sur cette matiere, & les Regles tirées de mon Systeme ; De la solidité duquel le Lecteur jugera, quand il aura pesé les raisons sur lesquelles je l'ai fon-dé.

L'importance du sujet, d'où dépend la sureté de la Naviga-

tion

tion & le salut de tant de milliers de Personnes, qui s'exposent à l'inconstance des Vents & de la Mer, doit au moins, ce me semble, engager les habiles Gens à examiner d'où provient la grande difference, qui se trouve entre le resultat des regles que préscrivent ces deux Systemes, je parle de celui de Monsieur Renau & du mien.

Tels sont les Motifs qui m'ont engagé à écrire & que j'ai voulu rapporter, de peur que le Lecteur ne trouvât étrange, qu'une Personne, qui demeure dans un des Païs les plus éloignés de la Mer, ose entreprendre de traiter une matiere, qui semble exiger une connoissance

par-

parfaite de la Marine & une Experience confommée de l'Art de
la Navigation, qualités que l'on
ne peut fans injuftice refufer à
Monfieur le Chevalier Renau.
J'ajoûterai à ces motifs, mon
penchant naturel, qui me porte
à être utile au Public indepen-
demment même de la gloire &
de l'avantage qui pourroit m'en
revenir, & fur tout dans un Lieu
où la connoiffance des Sciences
& des beaux Arts ne font pas
toûjours un moyen affûré de s'a-
vancer & d'être préferé à ceux
qui en font privés.

Je donne à ce petit Traité le
Titre d'*Effai d'une Nouvelle
Theorie de la Manœuvre des
Vaiffeaux* ; car enfin ce n'eft
qu'un

qu'un Essai, & je reconnois trés-
volontiers qu'il s'en faut beaucoup que cette Nouvelle Theorie ne soit complete, aussi n'en
verra-t-on jamais qui le soit,
vû les difficultés presque insur-
montables, qu'on rencontre lors
qu'on veut employer les verita-
bles principes de cette Science,
& considerer la propre figure
des Vaisseaux, consideration d'où
depend pourtant absolument la
perfection de cette Theorie ;
Cependant je me flatte, que toute Personne qui voudra en juger
sans prévention, trouvera au
moins que je ne suis tombé en
aucun paralogisme dans les regles que je donne pour les figures supposées des Vaisseaux, dont

quel-

quelques-unes approchent assez de leur veritable figure.

A peine venois-je de finir cet Essai, que Monsieur le Chevalier Renau me fit l'honneur de m'envoyer sa derniere piece intitulée *Memoire, où est demontré un principe de la Mechanique,* &c. me priant de Lui en dire mon sentiment, ce que je fis peu de temps aprés par une Lettre, à laquelle il répondit, formant de nouvelles instances & de nouvelles difficultés que je tâchai de lever par une seconde Lettre : J'ai crû devoir joindre ces Lettres à ce Traité en faveur de ceux qui prévenus pour Monsieur le Chevalier Renau, se trouveroient embarassés par les nouvelles raisons qu'il employe dans son Me-

moire,

moire, & qu'il a sçû propofer avec tant de vraifemblance qu'elles ne manqueront pas de furprendre ceux qui ne les examineront pas avec une attention affez fcrupuleufe : On a lieu de croire, que comme il n'a point fait de replique à cette feconde Lettre, il fe trouve préfentement fatisfait fur tout ce qui Lui faifoit encore de la peine, & qui l'empêchoit de goûter les raifons alleguées dans ma précedente Lettre.

Il y a encore une chofe, que je ne dois pas oublier ; c'eft qu'ayant jugé à propos d'écrire ce Traité en François, pour me conformer au Langage de Monfr. le Chevalier Renau, je me figure aifément, qu'on y trouvera bien des

en-

endroits, où les manieres d'exprimer mes penfées, ne font pas affez Françoifes : Mais le Lecteur équitable aura la bonté d'excufer ce défaut, & de confiderer deux chofes, l'une que l'Auteur ne fe pique pas d'écrire dans une Langue qui n'eft pas fa Langue maternelle, & l'autre que la matiere fur laquelle il s'eft exercé eft d'une nature qui demande des expreffions fimples & claires ; Auffi eft-ce la clarté & l'évidence que je me fuis propofée fur toute chofe dans mes explications, fans me mettre en peine de la beauté du ftyle, content de la folidité du raifonnement.

Si j'ai réüffi ou non, les Perfonnes éclairées en jugeront ; c'eft pourquoi je foûmets cet Ecrit à

Leur

Leur examen desinteressé. Je prie en
particulier Messieurs de l'Academie
Royale des Sciences de Paris, qui
ont toûjours reçû favorablement
les pieces que je Leur ai presentées
de temps en temps, de vouloir examiner celle-ci avec toute la severité
possible ; car le sujet en vaut bien
la peine. Je m'en tiendrai à Leur
decision, laquelle, suppose le fait
qu'elle soit favorable, comme je
n'en doute pas, ne pourra que m'ê-
tre bien glorieuse, & me rendre
en quelque façon digne du poste,
que j'ai l'honneur d'occuper dans
Leur Illustre Academie en qualité
d'Associé ; honneur d'autant plus
considerable, qu'il n'y a toûjours
que huit Personnes des Pais Etran-
gers, choisies par Sa Majesté T. C.
qui joüissent de cette dignité.

ESSAY

ESSAY
D'UNE
NOUVELLE THEORIE
DE LA
Manœuvre des Vaisseaux.

CHAPITRE I.

De l'action des fluides contre les superficies des corps qu'ils rencontrent ou qu'ils frappent.

I.

Es forces relatives, avec lesquelles une matiére fluide frappe obliquement diverses superficies planes diversement inclinées à la ligne du courant, ont toutes une direction perpendiculaire à chaque superficie, & sont en raison des quar-

A

rés

rés-des finus des angles d'incidence, fi ces fuperficies font égales. C'eft une verité reçûë de tout le monde, & qui fe démontre aifément: Car en confiderant un fluide comme un amas de petites boules dont le mouvement eft uniforme & parallele, on voit clairement que chacune de ces boules pouffe la fuperficie, qu'elle rencontre fuivant la ligne droite, qui paffe par fon centre & par le point d'attouchement, laquelle eft toûjours perpendiculaire à cette fuperficie. Or le nombre de ces boules qui frappent une fuperficie determinée dans un temps donné étant comme le finus de l'inclinaifon ou de l'angle d'incidence, & la force avec laquelle chaque boule la frappe étant auffi dans la même raifon, felon les principes communs ; il eft clair que la raifon des forces totales ou relatives avec lefquelles font frappées deux fuperficies planes, diverfement inclinées au courant d'un fluide, eft en raifon doublée de ces mêmes finus, ou comme leurs quarrés font entre eux.

II.

Mais fi les fuperficies ne font pas égales, alors les impreffions qu'elles reçoivent

vent de la matiére fluide, font en raifon compofée de la doublée des finus des angles d'incidence & de la fimple des grandeurs des fuperficies.

III.

Enfin fi diverfes fuperficies planes font pouffées par divers fluides homogenes, avec diverfes viteffes, & fous divers angles d'incidence, les impreffions faites fur ces fuperficies font en raifon compofée des quarrés des finus des angles d'incidence, des quarrés des viteffes, & des fimples grandeurs des fuperficies. Car c'eft une maxime generale que la force abfoluë d'une matiére fluide eft comme le quarré de fa viteffe: Mrs. Renau & Huguens en conviennent.

IV.

J'appelle *la ligne de la force mouvante*, la determination fuivant laquelle un corps eft pouffé: Ainfi la ligne de la force mouvante, fuivant laquelle une voile confiderée comme plate eft pouffée par le vent, eft celle qui lui eft perpendiculaire, en quelque fituation que foit la ligne du vent.

V.

Une fuperficie courbe ayant une infinité de perpendiculaires, il eft clair,

A 2

que

que la ligne de la force mouvante eſt dans une ſituation differente dans chaque petite partie de la courbe ; de ſorte qu'entre toutes les determinations il y en a une moyenne qui partage également de part & d'autre les efforts des impulſions, & ſuivant laquelle la ſuperficie courbe eſt determinée à ſe mouvoir & ſe mouvroit actuellement, s'il n'y avoit point d'empêchement ou quelque autre cauſe qui en detournât la direction : J'appelle cette ligne *la Ligne moyenne de la force mouvante.*

V I.

La même choſe ſe doit entendre de pluſieurs ſuperficies planes ſituées diverſement & faiſant entre elles des angles invariables, comme ſeroient pluſieurs voiles plates attachées à un même vaiſſeau, qui recevroient le vent ſous differens angles d'incidence : Car la ligne moyenne de la force mouvante ſeroit celle qui partageroit également les forces des impreſſions faites ſur toutes les voiles, & qui en ſeroit comme l'axe de l'équilibre.

V I I.

Ainſi le Vaiſſeau iroit ſelon la ligne moyenne de la force mouvante, s'il n'y

avoit

avoit aucun empêchement ou aucune
autre caufe qui en detournat la route : je
veux dire, fi la figure du vaiffeau étant
ronde, l'eau lui refiftoit également de
tous côtés, ou que la ligne de la quille
divifant le vaiffeau en deux parties égales & femblables, elle fe trouvoit fituée
fuivant la ligne moyenne de la force
mouvante.

VIII.

Mais lorsque la quille d'un vaiffeau,
dont la figure n'eft ni circulaire ni fphe-
rique, n'eft pas fituée dans la direction
de la ligne de la force mouvante, alors
la refiftance de l'eau contre le côté que
le vaiffeau expofe ou préfente le plus à
l'impulfion de l'eau, étant plus grande
que celle que fouffre le côté oppofé, laquelle eft ou nulle, comme par exemple
fi le vaiffeau avoit la figure d'un parallelogramme rectangle, ou trés-petite,
parce qu'une portion feulement de ce
côté reçoit l'impulfion de l'eau & encore fous un angle d'incidence plus aigu
que celui fous lequel eft pouffé l'autre
côté, il eft manifefte que cette inégalité
de réfiftance fera détourner le vaiffeau
de la ligne moyenne de la force mouvante.

A 3   IX. Il

I X.

Il eſt auſſi clair, que ſi cette reſiſtance étoit infinie par rapport à celle qu'eſſuye la prouë, ou ce qui revient au même, ſi le vaiſſeau ne trouvoit point de reſiſtance ou de difficulté à fendre l'eau avec ſa pointe, il iroit le long de la ligne de la quille, quelque ſituation qu'elle eût avec la ligne moyenne de la force mouvante.

X.

Or la reſiſtance que l'eau fait à la prouë d'un vaiſſeau n'étant ni nulle ni infiniment petite à l'égard de celle qui agit contre ſon côté ; il eſt naturel que la route du vaiſſeau ne ſe fera ni ſuivant la ligne de la quille ni ſuivant la moyenne de la force mouvante ; mais ſuivant une troiſiéme ligne qui compriſe entre les deux précedentes, fera avec la quille un angle que l'on nomme *Angle de la dérive.*

X I.

Je paſſe à la recherche de cet angle, que Mr. Huguens en refutant Mr. Renau n'a pas entrepris de determiner ; & à la determination duquel s'eſt trompé Mr. Renau, par ce qu'il a conſideré la réſiſtance que rencontre le vaiſſeau dans un

mouve-

mouvement oblique comme compofée
de la refiftance qu'il rencontroit s'il fendoit l'eau avec le côté & de celle qu'il
rencontreroit s'il l'a fendoit avec fa pointe, c'eft à dire, parce qu'il a compoſé
une refiftance, qui eft toûjours fimple &
actuelle, de deux refiftances qui ne font
pas actuelles, ce qu'il n'a pu fuppofer,
comme nous le démontrerons dans la
fuite ; pour determiner donc l'angle de
la dérive, il eft néceffaire de faire quelques reflexions fur quelques principes
tirés de la plus faine méchanique, par
lefquelles nous finirons ce Chapitre.

XII.

En toute action il y a une reaction
égale & directement oppofée, c'eft un
axiome qui n'a pas befoin de preuve
pour peu qu'on y faffe d'attention ; car
l'agent ne peut être nommé tel qu'en
vertu de l'effet qu'il produit fur le pa-
tient, & qui réjaillit toûjours par la même ligne droite fur l'agent, pour égaler
& contrebalancer ou plutôt pour abfor-
ber fa caufe.

XIII.

Si la reaction confifte en plufieurs reactions particuliéres, la reaction moyenne, qui refulte de la compofition du

mou-

mouvement ou des forces felon la Loi
ordinaire de la méchanique, fera celle
qui doit être cenfée egale & directement
oppofée à la tendance de l'action.

XIV.

Ce qui eft également vrai & pour les
forces qui font en mouvement pendant
qu'elles agiffent, & pour celles qui font
en repos.

XV.

Fig. I.   Soit par exemple le point A pouffé
ou determiné à fe mouvoir fuivant la
direction B A par la force B, à laquelle
réfiftent plufieurs autres forces L, M,
N, P fuivant les directions L A, M A,
N A, P A ; & fuppofé qu'elles empê-
chent précifément la force B de mouvoir le point A, fi bien que ce point A
quoique pouffé de tous ces cinq endroits-
là, ne faffe que refter en équilibre : Soit
maintenant A C, la moyenne direction
des quatre forces L, M, N, P, determinée par la regle de la compofition
des forces ; je dis que A C fera dans la
même direction que la ligne B A ; & que
la force B étant tant foit peu augmen-
tée, le point A fe mouvra fuivant la direction A C, & tiendra toûjours la même route, tandis que les forces L, M,
N, P

N, P & leurs directions se meuvent en même temps d'un mouvement parallele à elles-mêmes.

XVI.

Et si les longueurs des lignes A B, A L, A M, A N, A P, expriment la proportion des forces, il est constant, que la ligne B A C passe par le centre de gravité des points L, M, N, P, & que B A est égale à la somme des distances du point A aux perpendiculaires tirées des points L, M, N, P, sur la ligne B A C ; ou bien qu'elle est la quatriéme proportionelle de l'unité, du nombre des points, & de la distance de leur centre commun de gravité au point A.

XVII.

De même chacune des autres tendan-ces L A par exemple étant prolongée passe par le commun centre de gravité de tous les autres points M, N, P, B.

CHAPITRE II.

De la route & de la dérive d'un Vaisseau qui a la figure d'un Parallelogramme rectangle.

I.

SUppofons premiérement pour la fa-cilité du calcul, que la figure du

A 5

Vais-

Vaiſſeau (car c'eſt de la figure que dépend l'angle de la dérive) ſoit ſimple-
ment un Parallelogramme rectangle
PSRQ ; dont la quille HM parallele
au côté long PS paſſe par le centre B ;
ſoit M la prouë ; DC la voile conſide-
rée comme platte ; BG perpendiculaire
ſur DC, la ligne de la force mouvante ;
BL la route du vaiſſeau ; AB la ligne
du vent ; Et ſoit tirée la diagonale QS.

Fig. II.

II.

Il faut d'abord remarquer, que quoique le vaiſſeau ſe meuve ſuivant la ligne BL, ce n'eſt pas ſuivant cette direction qu'il eſt repouſſé par la reſiſtance
de l'eau : Car de même que le vent a-
git ſur la voile non point ſelon ſa propre direction AB, mais ſelon la ligne de
la force mouvante BG ; de même auſſi
l'eau reſiſte au vaiſſeau non pas ſuivant
la direction de ſa route, mais ſuivant
une autre ligne, laquelle par les art. 13,
14 & 15. du Chap. I. doit être directement oppoſée à la ligne de la force
mouvante BG, parce que l'action du
vent ſelon BG, a pour ſa reaction ou
pour ſon antagoniſte la reſiſtance de
l'eau dans la même direction oppoſée
BO.

III. Or

III.

Or pour concevoir clairement comment l'eau repousse le vaisseau dans la direction B O differente de la ligne de la route B L : Imaginons nous pour quelque temps, que ce soit l'eau qui se meuve comme un torrent suivant la ligne L B ; & que le vaisseau soit soutenu en repos par la force du vent, qui l'empêche d'être entraîné par la violence de l'eau. Il est évident & personne ne le nie, que la force active de l'eau courante agit sur le Vaisseau de la même maniére & suivant la même determination, que fait la resistance passive de l'eau en supposant le vaisseau en mouvement dans une eau calme. Cependant voilà le cas de l'article 15 du Chap. précedent : Car l'eau frappant continuellement les deux côtés du rectangle S P & S R, elle agit selon les lignes perpendiculaires sur S P & S R, & les forces avec lesquelles ces deux côtés sont poussés, sont en raison composée des quarrés des sinus des angles d'incidence, & des simples grandeurs des côtés S P & S R par l'art. 2. du Chap. I. Considerant donc toute la force qui agit sur S P comme reunië dans le point du mi-

lieu

lieu N & dirigée ſuivant N B , & toute la force qui agit ſur S R comme réunië dans le point du milieu M , & dirigée ſuivant M B. Enſorte que voilà le point B pouſſé d'une part par deux forces laterales de l'eau ſuivant N B & M B, ou leurs prolongations B E & B F , & de l'autre par la force du vent ſelon B G. Prenant enſuite B E & B F proportionelles aux deux forces appliquées en N & M ; & achevant le rectangle E B F O, il eſt manifeſte par les régles de la Statique , que la diagonale B O marquera la direction & la grandeur de la force moyenne, avec laquelle le point B eſt pouſſé ſuivant B O, & laquelle reſulte de la compoſition des forces laterales B E & B F : Et par ce qui a été dit dans l'art. 15. du Chap. I. elle ſera égale & directement oppoſée à la force du vent, dont la direction eſt par hyp. la ligne B G.

I V.

Pour trouver donc la ligne B G de la force qui ſoûtient le vaiſſeau, la ligne du courant B L étant donnée ; ou reciproquement pour trouver celle - ci, l'autre étant donnée : Il n'y a qu'à chercher la proportion des deux forces laterales B E & B F ; pour cet effet ſoit prolongée

gée R S jufqu'à ce qu'elle rencontre les lignes B L , B G en L & G. Il eſt évident que L M eſt à B M comme le finus de l'angle L B M eſt au finus de l'angle B L M, c'eſt à dire comme le finus de l'angle d'incidence fur le côté S P eſt au finus de l'angle d'incidence fur le côté S R : donc par l'art. 2. du Chap. précedent B E . B F :: L M² × S P . B M² × S R :: L M² × B M . B M² × M S :: L M² . B M × M S ; & partant G M . B M (:: B E . B F) :: L M² . B M × M S, ce qui donne cette égalité L M² = G M × M S ; ce qui fait voir que L M eſt la moyenne proportionelle entre G M & S M.

V.

Suppofons à préfent que l'eau eſt en repos, & faifons mouvoir le vaiſſeau le long de la droite B L. Il eſt inconteſtable que par cette fuppofition on ne change rien ni dans la direction ni dans la quantité, ni dans la raifon des forces laterales B E & B F, ni par confequent dans la direction & dans la quantité de la force moyenne B O, fuivant laquelle l'eau refiſte au vaiſſeau, & laquelle eſt toûjours égale & directement oppofée à la force mouvante qui agit fuivant la direction B G.

VI. D'où

V I.

D'où il fuit que la fituation de la quille B M, & celle de la voile D C, ou celle de la force mouvante B G, étant donnée, l'on trouve celle de la route, en faifant M L moyenne proportionelle entre M S & M G; ou, ce qui eft la même chofe, M S, M L & M G étant en raifon des tangentes des angles M B S, M B L & M B G, l'angle de la dérive M B L fe trouve, quand on fait fa tangente moyenne proportionelle entre la tangente de l'angle que fait la quille avec la diagonale du parallelogramme, & la tangente de l'angle de la quille & de la ligne de la force mouvante; ou du complement de l'angle que fait la ligne de la quille avec la voile.

V I I.

Quoi qu'il paroiffe difficile de concevoir qu'il puiffe arriver un cas, où la dérive étant donnée, on fe trouve engagé à chercher la fituation de la voile; peut-être ne feroit-il pourtant pas inutile de remarquer, que ce problême feroit aifé à refoudre, en faifant feulement la tangente de l'angle M B G, ou du complement de l'angle de la voile avec la quille, la troifiéme proportionelle des tangentes

gentes

gentes des deux angles RBS, RBL, que fait la quille avec la diagonale du parallelogramme, & avec la ligne de la route.

VIII.

Mais il est à propos de faire ici une remarque sur la différence, qu'il y a entre la maniere dont Mr. Renau determine la dérive, & celle dont je me sers; selon lui la raison de GM à LM est invariable, puis qu'il la croit être toûjours comme la difficulté que le vaisseau trouve à fendre l'eau avec le côté PS, à la difficulté, qu'il trouve à la fendre avec la proüe RS; supposons par exemple que PS soit dix fois plus grande que RS, & que par consequent il faille dix fois plus de force pour mouvoir le vaisseau perpendiculairement au côté PS, qu'il n'en faudroit pour le mouvoir avec la même vitesse perpendiculairement au côté RS; par le système de Mr. Renau la dérive LM seroit toûjours la dixiéme partie de GM, quelque situation qu'eût la quille à l'égard de la ligne de la force mouvante BG. Au lieu que par la Theorie que je viens de bien prouver, il n'y a qu'un seul cas où GM puisse être à LM comme dix est à un, sçavoir

lorslorfque SM eſt la centiéme partie de GM ; car dans ce cas l'angle MBS étant de 5. degr. 43. min. l'angle de la dé-rive MBL ſera de 45. degr. & l'angle MBG que fait la quille avec la ligne de la force mouvante de 84. degrés 17. min. Et ſon complement MBC que fait la quille avec la ligne de la voile de 5. degr. 43. min. & partant égal à l'angle MBS.

IX.

Mais en tout autre cas la raiſon de GM à LM ſera ou plus ou moins gran-de que celle de dix à un ; il peut même arriver que la dérive LM devienne éga-le à GM & même plus grande, ſçavoir lorſque G tombe en S ou entre S & M; ce qui n'a pas beſoin de demonſtration, étant évident par la conſtruction que nous avons donnée dans l'art. 6. de ce Chapitre.

CHAPITRE III.

De la Viteſſe du Vaiſſeau Rectangulaire.

I.

VOyons maintenant comment on trouve les differentes viteſſes du Vaiſſeau par rapport aux differentes ſi-tuations

tuations de la quille, en gardant toûjours la même situation de voile, la même force & la même ligne du vent. Pour cette fin soit $BM = a$, $MS = b$, $MG = p$, la vitesse suivant sa route $= u$: Mais dans une autre situation de quille soit $MG = q$, & la vitesse suivant sa route $= v$; on aura pour la premiere situation $ML = \sqrt{bp}$, & pour la seconde $ML = \sqrt{bq}$.

I I.

Or par l'art. 3. du Chap. I. la force laterale avec laquelle l'eau pousse le coté PS suivant BE, s'exprime par le produit du quarré du sinus de l'angle d'incidence LBM, du quarré de la vitesse, & de la simple ligne PS : Et la force laterale avec laquelle l'eau frappe le côté SM, suivant BF, s'exprime par le produit du quarré du sinus de l'angle d'incidence MLB, du quarré de la vitesse, & de la ligne RS : c'est à dire que dans la premiere situation de quille la force suivant

$$BE \text{ sera} = \frac{ML^2}{BL^2} \times uu \times PS = \frac{bp}{aa + bp} \times uu$$

$$\times 2a = \frac{2abpuu}{aa + bp}, \text{ & la force suivant } BF$$

$$= \frac{BM^2}{BL^2} \times uu \times RS = \frac{aa}{aa + bp} \times uu \times 2b =$$

$$\frac{2aabuu}{aa + bp}, \text{ & partant la force moyenne}$$

 fuisuivant $BO\ (\sqrt{BE^2 + BF^2}) = \dfrac{uu\sqrt{4aabbpp + 4a^4bb}}{aa+bp}$. Par un semblable raisonnement on trouve pour la seconde situation de quille la force moyenne suivant $BO = \dfrac{vv\sqrt{4aabbqq + 4a^4bb}}{aa+bq}$; Or comme cette force moyenne doit être toûjours la même dans toutes les situations de quille, puisque par l'art. 15. du Chap. I. elle est toûjours égale & directement opposée à la force mouvante, il s'ensuit que $\dfrac{uu\sqrt{4aabbpp + 4a^4bb}}{aa+bp} = \dfrac{vv\sqrt{4aabbqq + 4a^4bb}}{aa+bq}$; par conséquent uu. $vv :: \dfrac{\sqrt{qq+aa}}{aa+bq} . \dfrac{\sqrt{pp+aa}}{aa+bp} :: \dfrac{aa+bp}{\sqrt{pp+aa}} . \dfrac{aa+bq}{\sqrt{qq+aa}}$: C'est à dire que le quarré de la vitesse est toûjours comme $\dfrac{BL^2}{BG}$, ou comme la troisiéme proportionelle de la secante de l'angle de la force mouvante M B G à la secante de l'angle de la dérive M B L.

III.

Il n'est pas difficile de demontrer que de toutes ces $\dfrac{BL^2}{BG}$, la plus grande est, lorsque les deux points L & G se reunissent au point S ; ce qui arrive quand

la

la diagonale du vaisseau est perpendiculaire à la ligne de la voile D C, auquel cas la ligne de la route tombe sur celle de la force mouvante. D'où il resulte une proposition qui pour être une espece de paradoxe n'en est pas moins vraie, c'est que dans un vaisseau rectangulaire tel que nous le supposons ici, la voilure la plus avantageuse, ou la maniere de disposer la voile pour aller avec toute la vitesse possible suivant la ligne du vent, n'est pas de porter vent arriére, ou de prendre le vent en pouppe, mais de disposer le vaisseau de telle forte, que sa diagonale se trouve dans la ligne de direction du vent, & la voile perpendiculaire à cette même direction : Car avec le même vent & avec la même situation de voile la vitesse si l'on dirige B S sur B G, sera à la vitesse si on dirige B M sur B G, comme √ B S à √ B M.

IV.

Pour determiner maintenant la raison des vitesses du vaisseau, tant pour les diverses situations de la voile par rapport au vent, que pour les diverses situations de la quille par rapport à la voile. Considerons d'abord que si l'angle

B 2

gle

gle de la voile & de la quille C B M demeure le même, pendant que la force
mouvante change, les lignes B E, B F
& B O, qui expriment les forces laterales & la force moyenne de la refiftance
de l'eau, changent feulement de grandeur & non point de proportion : or
comme B E & B F changent en raifon
du quarré de la viteffe du vaiffeau, il
faut que B O ou la refiftance moyenne
de l'eau, & par confequent la force
mouvante qui lui eft égale par l'art. 15.
du Chap. I. change auffi en raifon du
quarré de la viteffe : mais on a demontré dans l'art. 2. de ce Chapit. que fi la
force mouvante demeure la même pendant que l'angle de la quille & de la
voile M B C change, le quarré de la viteffe fera comme $\frac{BL^2}{BG}$: En combinant
ces deux raifons, on aura le quarré de
la viteffe du vaiffeau, pour tous les deux
changemens, en raifon compofée de la
force mouvante & de $\frac{BL^2}{BG}$; or la force
mouvante eft comme le quarré du finus
(que je nomme S) de l'angle A B C que
fait la ligne du vent avec la voile par
l'art. 1. du Chap. I. fubftituant donc S S
pour la raifon de la force mouvante,

on

on trouve le quarré de la viteſſe du vaiſ-
ſeau, comme $\frac{SS \times BL^2}{BG}$; & par conſequent

la ſimple viteſſe comme $\frac{S \times BL}{\sqrt{BG}}$ pour toutes les diverſes ſituations de la voile
auſſi bien que pour les diverſes ſituations de la quille.

V.

Que ſi par curioſité on vouloit faire
entrer encore la diverſité du vent par
rapport à ſa force abſoluë, laquelle eſt
comme le quarré de ſa viteſſe (que je
nomme V); il eſt évident que la force
mouvante, avec laquelle le vent agit
contre la voile C D ſuivant la ligne B G,
ſera comme V V S S ; & ainſi le quarré
de la viteſſe du vaiſſeau deviendra com-
me $\frac{VV \times SS \times BL^2}{BG}$, ou la ſimple viteſſe

comme $\frac{V \times S \times BL}{\sqrt{BG}}$, pour toutes les diver-
ſités qui reſultent des trois conditions
que nous venons de propoſer.

V I.

Mais il ne ſera pas hors de propos
de faire voir une maniere de determiner geometriquement par le moyen d'u-
ne ligne courbe les differentes viteſſes
& dérives, qui dependent des differen-

B 3

tes

tes situations de la proüe du vaisseau par rapport à la voile.

C O N S T R U C T I O N.

Fig. III.   Soit A B le vent, C D une situation de voile, B G perpendiculaire à C D, & l'axe de la courbe des vitesses X K I dont je vais expliquer la construction ; B M la situation & la demi-longueur du vaisseau, M G perpendiculaire à B M, rencontrant B G en G ; Soit pris sur M G la partie M S égale à la demi-largeur du vaisseau. Soit M L moyenne proportionelle entre M G & M S : que l'on tire B L, qui marquera la route du vaisseau, & partant aussi l'angle de la dérive M B L par rapport à la situation de la quille B M. Soit de plus tracé sur le diametre B I égal à B S, le demi-cercle B V I ; & soit tirée S T V perpendiculaire sur B G, qui coupe le demi-cercle en V : Soit pris sur B L une partie B K égale à la corde B V ; je dis, que si on fait la même chose pour toutes les diverses situations de quille, supposant celle de la voile C D toûjours la même, la courbe qui passe par les points K sera la *determinatrice* des vitesses, ou ce qui revient au même chaque ligne telle que B K comprise entre le
point

point B & la courbe B K I marquera la vitesse du vaisseau dans la route B L.

DEMONSTRATION.

A cause des triangles semblables BGM, SGT; $BG . MG :: SG . TG$, donc $BG \times TG = MG \times SG$, ajoûtant de part & d'autre $GM \times MS$ ou ML^2, il vient $BG \times TG + ML^2 = MG \times SG + GM \times MS = MG^2$; ajoûtant encore BM^2, on a $BG \times TG + ML^2 + BM^2$ ou $BG \times TG + BL^2 = MG^2 + BM^2$ ou BG^2, & partant $BL^2 = BG^2 - BG \times TG = BG \times BT$, donc $\frac{BL^2}{BG} = BT = \frac{BV^2}{BI} = \frac{BK^2}{BS}$, & $\frac{BL}{\sqrt{BG}} = \frac{BK}{\sqrt{BS}}$; ainsi comme la vitesse du vaisseau est en raison de $\frac{BL}{\sqrt{BG}}$, par l'art. 2. de ce Chap. Elle sera aussi en raison de $\frac{BK}{\sqrt{BS}}$, ou (à cause que BS est donnée & par conséquent $\sqrt{BS}$ invariable pour toutes les situations de la quille) en raison de BK : c'est à dire que la vitesse dans une situation, est à la vitesse dans une autre situation, comme BK dans celle-là, est à BK dans celle-ci.

VII.

Pour mieux comprendre la figure de

B 4

cette

cette ligne courbe X K I, il est nécessaire d'en considerer le commencement & la fin : supposons donc d'abord que la situation de la quille tombe sur la ligne de la voile B C, dans ce cas M G devient parallele à B G, & par consequent infinie ; La moyenne proportionelle M L sera aussi infinie, & partant B L qui sera de même parallele à M L tombera sur B G : ainsi le point K sera en X sur la ligne B G, & formera le commencement de la courbe X K I, étant éloigné du point B de l'intervalle B X égal à la moyenne proportionelle entre B I ou B S & S M. Supposons maintenant que l'angle C B M soit si grand, que la demi-diagonale B S tombant sur B G, les trois points S, G, & L se réunissent au point I ; pour lors le point K revient sur la ligne B G, aprés avoir fait un demi-tour suivant la courbe X K I, qui prend la forme d'une demi-ellipse sur l'axe X I, comme on le peut connoître, si on veut prendre la peine de la tracer, en determinant plusieurs points K par la construction que je viens de donner.

VIII.

La situation de la voile C D étant donc donnée, pour determiner la ligne de la route dans quelque situation qu'on mette le vaisseau par rapport à la voile; il n'y a qu'à tirer la ligne de la situation du vaisseau B M, & la faire égale à la ligne, qui repréfente la demi-longueur du vaisseau; puis élever la perpendiculaire M G, entre laquelle & la partie M S, qui repréfente la moitié de la largeur du vaisseau, la moyenne proportionelle M L determinera le point L, par lequel fi on mene la droite B L, elle fera la route, fa partie B K la vitesse, & M B L l'angle de la dérive du vaisseau.

I X.

Mais comme la ligne de la route B L, coupe la courbe X K I en deux points K & *k*, à moins qu'elle ne la touche; pour ne pas être dans l'incertitude fi c'eft B *k* ou B K, qui defigne la vitesse du vaisseau, il ne faut que tirer la perpendiculaire S T V, pour voir fi la corde B V eft égale à B K ou à B *k*, car celle à laquelle elle eft égale, doit être prife pour la vitesse: Deforte que sans se servir de la courbe, on trouve immediatement la vitesse, en tirant la perpendiculaire S T V pour avoir le point V, dont la diftance B V du point B eft toûjours égale à la vitesse cherchée.

X. I I

X.

Il n'en eſt pas de même, ſi la ligne de la route étant donnée, on cherche à determiner la ſituation de la quille : car en ce cas il eſt abſolument néceſſaire de determiner par le moyen de cette cour-be les deux points d'interſection K & k qu'elle forme ſur la ligne de la route B L, en ſorte qu'il y a deux differentes ſituations du vaiſſeau , dans chacune deſquelles on peut faire la même route B L ; mais il faut choiſir la plus avan-tageuſe de ces ſituations, ou celle qui fait avancer le vaiſſeau avec la plus gran-de viteſſe ; pour cet effet il faut ſe ſer-vir du point d'interſection K le plus éloi-gné du point B, en décrivant de l'inter-valle B K un arc de cercle, qui coupe le demi - cercle B V I dans un point V ; d'où il faut tirer ſur le diametre B I, la perpendiculaire B T , & la prolonger juſqu'à ce qu'elle coupe en S l'arc de cercle décrit du centre B & du rayon B I : La Ligne B S ſera la ſituation de la diagonale du vaiſſeau : Faiſant donc l'angle S B M égal à l'angle de la quille & de la diagonale ; on aura B M pour la ſituation cherchée, dans laquelle il faut mettre le vaiſſeau , pour lui faire parcourir B K.   XI.

XI.

Si du point B on tire B*f* qui touche la courbe B K I, & que par l'art. préced. on cherche la situation du vaisseau pour la route B*f*, il est manifeste, que cette situation sera celle, dans laquelle il faut disposer le vaisseau, pour faire que la route B*f* fasse avec la voile C D le plus petit angle qu'il est possible.

CHAPITRE IV.

De la situation la plus avantageuse de la voile & de la quille pour gagner au vent, ou pour le fuir, ou pour faire quelque route proposée.

I.

L'Ordre demande que je montre la maniere de determiner la situation la plus avantageuse tant de la voile que de la quille, pour tenir le vent le plus qu'il est possible, ou pour le fuir, ou pour avancer avec toute la vitesse possible suivant une route donnée. Soit premiérement la situation de la voile donnée, & qu'il faille sçavoir celle de la quille, pour gagner le plus au vent. Pour effectuer cela, soit la courbe des vitesses X K I fort exactement tracée par

la

Fig. IV. la conftruction expliquée dans l'art. 6. du Chap. préced. & foit tirée à cette même courbe une tangente K *a*, laquelle foit perpendiculaire à la ligne du vent A B : Il eft évident que la ligne B L menée par le point K, fera la route que le vaifleau doit fuivre; car la quantité B *a*, dont il gagne au vent dans le temps qu'il parcourt B K, eft la plus grande de toutes les autres B *a* auffi determinées par des perpendiculaires K *a* tirées de tous les autres points K de la courbe X K I, lefquelles B *a* font la mefure de ce que le vaifleau peut gagner en parcourant toutes les autres B K en des temps égaux. La route B L étant ainfi determinée, on peut auffi determiner par l'art. 10. du Chap. préced. la fituation de la quille la plus avantageufe, pour gagner au vent. Mais il eft à remarquer, que l'angle A B C pourroit être fi grand, que B *a* feroit ou nulle ou negative, ce qui feroit caufe, que le vaifleau fuivroit une route perpendiculaire au vent, ou qu'il perdroit au lieu de gagner au vent; quoique cependant il en perdit le moins qu'il eft poffible dans le cas dont il s'agit.

II.

Suppofons préfentement l'angle ABC
varia-

variable ; il s'agit de determiner quel
angle feroit la voile BC avec la ligne du
vent AB, dans la fituation la plus avantageufe pour gagner au vent. Pour executer ce projet auffi commodement,
que la pratique le permet, le meilleur
moyen eft de tracer un affez grand nombre de differentes fituations de voile,
telles que font DC, *dc* &c. lefquelles Fig. V.
font avec la ligne du vent autant de differens angles ABC, AB*c* &c. fur chacune
defquelles on érigera du point B des perpendiculaires BI, B*i* &c. pour fervir
de diametres aux courbes des viteffes
XKI, *x*K*i* &c. que l'on tracera avec toute l'exactitude poffible, en obfervant la
condition qui fuit. On décrit au commencement fur une des perpendiculaires telle que BI par exemple prife à dif-
crétion la courbe des viteffes XKI d'u-
ne grandeur arbitraire fuivant la regle
de l'art. 6. du Chap. préced. puis fur chaque autre B*i* on conftruit la courbe
*x*K*i* femblable à XKI, de maniere que
les lignes homologues dans l'une & dans
l'autre foient proportionelles aux finus
des angles d'incidence du vent fur la
voile ; c'eft à dire que le finus de l'angle
ABC, foit au finus de l'angle AB*c* ::
A X.

AX. A*x* :: A I. A*i* : Il eſt manifeſte par l'art. 6. du Chap. préc. que non ſeulement BI & B*i* expriment les viteſſes du vaiſſeau dans les routes perpendiculaires à la voile en differentes ſituations ; mais que toutes les autres lignes qui partent du point B & qui ſont terminées par ces courbes X K I, *x* K *i* &c. marqueront les divers degrés de viteſſes du vaiſſeau en ſuivant les routes de ces mêmes lignes pour toutes les differentes ſituations de voile par rapport au vent : enſorte que B K tirée à quelque point d'interſection K de deux courbes quelconques X K I & *x* K *i*, deſignera une route commune que le Vaiſſeau peut parcourir également vite dans les deux diverſes ſituations de voile DC & *dc* ; ſi bien que de l'une & de l'autre de ces maniéres il tiendra également le vent.

III.

Or il eſt enſeigné dans l'Analyſe des infiniment petits, comment une infinité de lignes données de poſition, forment par leurs interſections immediates une nouvelle ligne courbe, qui touche toutes les autres dans les mêmes points, où deux de ces lignes données infiniment proches ſe coupent : c'eſt ainſi par

exem-

exemple que les cauftiques font for-
mées par les concours ou interfections
immediates des rayons refléchis ou rompus ; c'eft ainfi auffi que toutes les pa-
raboles que décrivent les bombes jettées avec la même force de mortier dans
toutes les differentes élevations , font
par leurs interfections immediates, une
autre parabole égale à celle, que fait le
jet horizontal, & dont elle eft une efpece d'afymtote.

I V.

Si donc la multitude des courbes
X K I, *x* K *i* &c. eft fuffifamment grande,
& qu'elles foient raifonnablement proches les unes des autres, on tracera aifément le contour d'une nouvelle courbe B *k* K R, qui frifera chacune des autres courbes, en fuivant fimplement le
chemin que montrent les interfections
immediates *k* K, ou en paffant tant foit
peu au-de-là : Cette nouvelle courbe
B *k* K R, que l'on peut appeller *la Ligne
des plus promts avansements*, étant décrite
avec beaucoup de précifion, fervira à
determiner la fituation la plus avantageufe tant de la voile que de la quille,
pour avancer contre le vent le plus
promtement qu'il eft poffible ; voici la
manié-

maniére de s'en fervir : On applique le
petit côté S A d'un équerre S *a* V fur la
ligne du vent A B, dans cette fituation
on l'approche de la courbe B*k*K R jufqu'à ce que le long côté *a* V touche la
courbe B*k*K V ; on en marque le point
d'attouchement *k* ; auquel on mene la
droite B*k*, qui marque la viteſſe & la
route du vaiſſeau, puis on obſerve quelle des courbes des viteſſes *x* K *i* paſſe par
le point *k* ; car ſon diametre B*i* determine la ligne de la force mouvante, &
d B *c* perpendiculaire à cette derniere ſera la fituation de la voile cherchée ; laquelle étant connuë, celle de la quille
ſe trouve par l'art. 10. du Chap. préced.

V.

Cette courbe des plus promts avan-
cemens B*k* K R ſert auſſi à determiner la
fituation la plus avantageuſe de la voile
par rapport au vent & à une route propoſée qu'il faut tenir. Car ſoit A B la
ligne du vent, & B K celle de la route,
qui coupe la courbe B*k*K R au point K;
Il faut obſerver la courbe des viteſſes
X K I qui paſſe par K, ou qui touche
dans ce point K la courbe B*k*K R ; le
diametre B I de la courbe des viteſſes
X K I ſera la ligne de la force mouvante,

                                   & ſa

❀ ſa perpendiculaire D B C ſera la ſituation de la voile la plus avantageuſe , laquelle étant determinée , celle de la quille ſe determine auſſi par l'articl. 10. du
Chap. préced.

V I.

Il eſt vrai que les methodes que je
viens d'enſeigner dans ce Chapitre, ne
ſont que des methodes mechaniques ,
mais il faut auſſi avoüer , qu'elles ſont
plus utiles pour la pratique, que la ré-
ſolution des égalités algebraïques, dans
leſquelles on tombe aprés en avoir achevé l'analyſe , & qui ſont d'un degré trop
compoſé pour être employées dans la
pratique.   Cependant je veux bien faire voir la maniere dont je m'y prendrois
pour faire ce calcul dans le cas le plus
ſimple de la figure du vaiſſeau , que j'ai
ſuppoſée être un parallelogramme rectangle en general , & que je ſuppoſe
maintenant pour la facilité du calcul
être un rectangle fort long par rapport
à ſa largeur , que je prendrai par conſé-
quent comme infiniment petite.

CHAPITRE V.

Digreſſion pour reſoudre par un calcul Alge-
braïque les queſtions du Chap. préced. en

ſup-

suppofant la dérive du Vaiffeau nulle ou infenfible. De la plus avantageufe pofition du Gouvernail pour faire tourner le Vaiffeau avec le plus de promtitude.

I.

DE cette fuppofition il fuit premiérement, que dans toutes les fituations de la voile D C & de la quille B M, la dérive M L (Fig. II.) eft infiniment petite ou nulle, parce qu'elle eft moyenne proportionelle entre une ligne finie M G, & une ligne infiniment petite M S : enforte que cette fuppofition tombe précifement dans le cas qui fut agité entre Mrs. Renau & Huguens. Examinons à préfent la nature de la courbe des viteffes :

II.

Soit D C la pofition de la voile, B G la ligne de la force mouvante. Soit enfin décrit le demi-cercle B K G fur le diametre B G, ce demi-cercle fera felon Mr. Renau la courbe des viteffes dans la fuppofition que les dérives font nulles : Mais prolongeant en S toutes les lignes droites B K, qui partent du point B, en forte que les droites B S foient moyennes proportionelles entre B K & B G ; les points S formeront felon Mr. Huguens

Fig. VI.

guens la courbe des viteffes en fuppofant auffi les dérives nulles.

III.

Mais pour fe fervir ici de nôtre conftruction expliquée dans l'art. 6. du
Chap. III. il n'y a qu'à fuppofer que M S
(Fig. III.) & par confequent auffi M L
font nulles, ou que les points S & L
tombent fur M : Et fuivre le refte de la
conftruction comme il y a été enfeigné.

IV.

Soit donc de nouveau D C la ligne Fig. VII.
de la voile, & B G la ligne de la force
mouvante : Du centre B & de l'inter-
valle B I ou B M qui repréfente la demi-
longueur du Vaiffeau, foit décrit un arc
de cercle I M ; foient tirées de plus de
tous les points M de l'arc I M, des perpendiculaires M T, lefquelles prolongées
rencontreront le demi-cercle B V I, dont
le diametre eft B I, aux points V ; foient
enfin tranfportés les intervalles B V fur
B M, pour avoir B K = B V ; les points
K formeront la courbe B K I qui felon
ma conftruction generale fera la courbe
des viteffes.

V.

Il faut prouver avant toute chofe,
que cette courbe convient avec celle

C 2

de

de Mr. Huguens, ce qui n'eſt pas difficile : Car ayant achevé de décrire le demi-cercle BVI, pour avoir le demi-cercle oppoſé BRI, qui coupe la ligne du Vaiſſeau au point R, duquel ayant tiré au point I la droite RI, on aura le triangle BRI ſemblable & égal au triangle BTM, parce que les angles R & T ſont droits, & l'angle IBM eſt commun, outre cela les deux hypotenuſes BI & BM ſont égales ; d'où il ſuit que BR eſt auſſi égale à BT : Or BV eſt moyenne proportionelle entre BT & BI par la nature du cercle, donc auſſi BK qui eſt = BV, ſera moyenne proportionelle entre BT & BI, ou entre leurs égales BR & BM : ce qui fait voir, que la courbe des viteſſes BKI, qui reſulte de nôtre conſtruction generale, eſt la même que celle de Mr. Huguens ; & qu'elle decide par conſequent la controverſe en ſa faveur, contre la prétenſion de Mr. Renau.

VI.

Fig. VI.

Reprenons donc la Fig. VI. qui eſt en partie celle de Mr. Huguens : il s'agit de trouver ſuivant mes principes la regle qu'il donne, mais dont il cache l'analyſe, par laquelle il determine la plus avantavantageuſe ſituation de la voile, quand l'angle de la quille B F & du vent B A eſt donné, pour faire le plus de chemin & partant auſſi pour gagner le plus au vent. La regle en queſtion conſiſte dans cette égalité $x^4 = a a x x + \frac{1}{3} p p x x - \frac{4}{9} a a p p$, où x ſignifie le ſinus O Q de l'angle de la voile & du vent, a le rayon B A, p le ſinus F P de l'angle de la quille & du vent. Gardant donc les mêmes lettres, voici comme je raiſonne pour parvenir à cette égalité. Puiſque les B S dans la Fig. VI. expriment les viteſ-ſes pour la poſition invariable de la voi-le D C, il faut multiplier B S par le ſinus de l'angle A B O ſuivant l'art. 4. du Cha-pit. III. pour avoir la proportion des vi-teſſes dans les differentes ſituations de voile par rapport au vent ; enſorte que O Q $\times$ B S exprime la viteſſe indetermi-née dont il faut chercher la plus grande : Mais il faut chercher auparavant la va-leur analytique de B S de la maniere qui ſuit. Aprez avoir tirée F Z perpendicu-laire ſur la ligne de la voile, je fai B Q $(\sqrt{a a - x x})$. Q O (x) :: B P $(\sqrt{a a - p p})$. P X, qui ſera $= x \sqrt{\frac{a a - p p}{a a - x x}}$; or le trian-gle B O Q eſt ſemblable au triangle X F Z, parce que l'un & l'autre eſt ſem-

C 3 blable

blable au triangle BXP, ce qui me donne BO (a) . BQ ($\sqrt{aa-xx}$) :: XF ou $PF - PX$ ($p - x\sqrt{\frac{aa-pp}{aa-xx}}$) . FZ, & partant FZ ou BK (car ces deux lignes font égales, à caufe de l'égalité des deux triangles BFZ & GBK) fera $= \frac{p}{a}\sqrt{aa-xx} - \frac{x}{a}\sqrt{aa-pp}$, par confequent BS^2 ($BF \times BK$) $= p\sqrt{aa-xx} - x\sqrt{aa-pp}$, & $OQ^2 \times BS^2$ (c'eft-à-dire le quarré de la viteffe) $= pxx\sqrt{aa-xx} - x^3\sqrt{aa-pp}$. Mais puif-que la fimple viteffe doit être la plus grande, il s'enfuit que fon quarré doit auffi être le plus grand quarré ; toute la queftion fe reduit donc à fuivre nos regles de *maximis* & *minimis* expliquées dans l'Analyfe des infiniment petits, c'eft à dire à differentier cette derniere quantité, & à en fuppofer la differentielle égale à Zero, ou à faire la differentielle de $pxx\sqrt{aa-xx}$, qui eft $\frac{2aapx-3px^3}{\sqrt{aa-xx}}dx =$ à la differentielle de $x^3\sqrt{aa-pp}$, qui eft $3xxdx\sqrt{aa-pp}$; laquelle divifée par xdx, donne l'égalité $\frac{2aap-3pxx}{\sqrt{aa-xx}} = 3x\sqrt{aa-pp}$: dont chaque membre étant multiplié par lui-même & leur

produit

produit par $aa - xx$ on aura la nouvelle égalité $4a^4 pp - 12\, aappxx + 9ppx^4$
$= 9a^4xx - 9\,aappxx - 9\,aax^4 +$
$9ppx^4$; de laquelle ôtant de part & d'autre $9ppx^4 - 9\,aappxx$, & reduifant le
refte à l'ordinaire, il en refulte $x^4 =$
$aaxx + \frac{1}{3}ppxx - \frac{4}{9}aapp$, qui eft précifement la même équation qu'avoit
trouvée Mr. Huguens, & dont il fe fait
honneur, affûrant que la regle, qu'il a-
voit établie, étoit vraie, quoiqu'il ait ca-
ché la methode qui l'y a conduit ; foit
qu'il ait voulu en faire myftere, ou que
fa methode ait été trop étenduë : Mais
enfin quel qu'en puiffe être le motif, je
croi qu'on ne fera pas fàché, de voir ici
cette methode developpée , & que le
Public me fçaura gré de cette découverte.

VII.

Mr. Huguens a raifon de dire que les
deux racines de cette équation, qui
toutes deux font vraies , fervent aux
deux cas dans lefquels la ligne de la
quille fait un même angle avec celle du
vent ; fçavoir en allant prés du vent, ou
vent largue : ces deux racines étant
$xx = \frac{1}{2}aa + \frac{1}{6}pp + \frac{1}{6}\sqrt{9\,a^4 - 10\,aapp + p^4}$,
$\& xx = \frac{1}{2}aa + \frac{1}{6}pp - \frac{1}{6}\sqrt{9\,a^4 - 10\,aapp + p^4}$.

C 4

Mais

Mais il ne dit pas laquelle de ces racines sert pour le cas du vent étroit, j'appelle ainsi la situation du Vaisseau, lors
qu'elle est telle qu'il avance en gagnant
au vent; ni laquelle sert pour celui du
vent largue, lorsque le vaisseau avance
en fuyant ou en perdant au vent : pour
démêler donc ces deux racines, ce qui
demande quelque adresse, il est à propos, que j'enseigne la maniere de les determiner chacune à son cas.

VIII.

Considerons pour cela l'équation
$$\frac{2aap - 3pxx}{\sqrt{aa - xx}} = 3x\sqrt{aa - pp},$$ dont nous
avons immediatement tiré celle de Mr.
Huguens; je voi que $\sqrt{aa - pp}$ ou B P
peut être affirmative ou negative, selon
que l'angle A B F est aigu ou obtus, c'est
à dire, qu'on suppose le premier ou le
second cas du vent; supposons donc le
premier, auquel B P ou $\sqrt{aa - pp}$ est
affirmative, comme aussi $3x\sqrt{aa - pp}$
(car x & p sont par hyp. affirmatives);
il faut que l'autre membre de l'équation
$\frac{2aap - 3pxx}{\sqrt{aa - xx}}$, soit pareillement affirmatif :
Or $\sqrt{aa - xx}$ ou B Q étant aussi neces-
sairement affirmatif, parce qu'il est aisé
de

de voir, que l'angle A B O sera toûjours moindre que l'angle A B F, & même moindre qu'un angle droit, quelqu'obtus que soit l'angle A B F ; il faut que $2aap$ soit plus grand que $3pxx$, & par conséquent xx plus petit que $\frac{2}{3}aa$. Supposons présentement le cas du vent largue, & nous verrons par le même raisonnement que xx doit être plus grand que $\frac{2}{3}aa$: mais ce $\frac{2}{3}aa$ est justement entre les deux racines de xx ; car $\frac{1}{2}aa + \frac{1}{6}pp - \frac{1}{6}\sqrt{9a^4 - 10aapp + p^4}$ est plus petit que $\frac{2}{3}aa$, & $\frac{1}{2}aa + \frac{1}{6}pp + \frac{1}{6}\sqrt{9a^4 - 10aapp + p^4}$ est plus grand que $\frac{2}{3}aa$, ce qu'on trouve aisément en en faisant l'examen ; d'où je conclus que la moindre des racines est utile pour le cas du vent étroit, & la plus grande pour celui du vent largue.

I X.

On resout en même temps cette autre question, où la situation de la voile étant donnée, on demande quelle est la situation de la quille la plus avantageuse pour gagner au vent : dont voici la solution : Je mene sur B A la perpendiculaire S T, & je fai cette analogie BF^2 $(aa) . BS^2 \left(p\sqrt{aa - xx} - x\sqrt{aa - pp} \right) :: BP^2$

$$:: \overline{B P^2 \; (aa - pp)} \cdot \overline{B T^2} = \frac{\overline{aap - p^3} \, \sqrt{aa - xx} - \overline{aax + ppx} \, \sqrt{aa - pp}}{aa}.$$ Mais comme BT est ce que le vaisseau gagne au vent, il faut que BT, & par conse-quent le quarré de BT soit un *maximum*; il n'y a donc qu'à differentier sa valeur & l'égaler à Zero, en supposant x deter-miné & p indeterminé; ce qui étant fait & puis divisé par $\frac{dp}{aa}$, on aura $\overline{aa - 3pp}$ $\sqrt{aa - xx} + 3xp \sqrt{aa - pp} = 0$, ou $\overline{3pp - aa} \sqrt{aa - xx} = 3xp \sqrt{aa - pp}$: quarrant les deux membres & ensuite faisant la reduction à l'ordinaire, on trou-vera cette égalité $p^4 = \frac{2}{3} aapp + \frac{1}{3} xxpp - \frac{1}{9} a^4 + \frac{1}{9} aaxx$, qui a deux racines vraies, sçavoir $pp = \frac{1}{3} aa + \frac{1}{6} xx + \frac{1}{3} x \sqrt{2aa + \frac{1}{4} xx}$, & $pp = \frac{1}{3} aa + \frac{1}{6} xx - \frac{1}{3} x \sqrt{2aa + \frac{1}{4} xx}$.

X.

Par un raisonnement peu different de celui qu'on a employé dans l'art. 8. de ce Chapitre, on prouvera que c'est la racine majeure $pp = \frac{1}{3} aa + \frac{1}{6} xx + \frac{1}{3} x \sqrt{2aa + \frac{1}{4} xx}$ qui sert au cas du vent étroit, & que la mineure $pp = \frac{1}{3} aa + \frac{1}{6} xx - \frac{1}{3} x \sqrt{2aa + \frac{1}{4} xx}$ sert pour le vent largue. Car si dans l'équation

$$\overline{3pp - aa}\,\sqrt{aa - xx} = 3xp\,\sqrt{aa - pp},$$

on suppose affirmatif $\sqrt{aa - pp}$, qui constitue le premier cas, on doit conclurre que $3pp$ est plus grand que aa, ou pp plus grand que $\frac{1}{3}aa$: Et au contraire si $\sqrt{aa - pp}$ est supposé negatif pour le second cas, on a pp plus petit que $\frac{1}{3}aa$. Or en effet ce $\frac{1}{3}aa$ est entre les deux racines de pp; puisque $\frac{1}{3}aa + \frac{1}{6}xx + \frac{1}{3}x\sqrt{2aa + \frac{1}{4}xx}$ est plus grand que $\frac{1}{3}aa$, & $\frac{1}{3}aa + \frac{1}{6}xx - \frac{1}{3}x\sqrt{2aa + \frac{1}{4}xx}$ est plus petit que $\frac{1}{3}aa$, ce que l'on demontre aisément par le calcul. Donc &c.

XI.

Mais enfin si l'une ni l'autre des deux situations tant de la voile que du vaisseau n'est donnée, & qu'il s'agisse de les determiner toutes deux, pour avoir le plus grand avantage possible à gagner au vent. Ceux qui entendent la nature de ce qu'on appelle *maxima* & *minima* dans la Geometrie interieure, comprendront aisément, qu'il s'agit ici de chercher *maximum maximorum*, c'est à dire, que comme il y a ici pour chaque situation de voile donnée, une situation de la quille, qui entre une infinité d'autres
situa-

fituations donne le plus grand avantage pour gagner au vent, ainfi entre toutes ces fituations de voile, il y en a une qui jointe à cette fituation de la quille qui lui convient le mieux, l'emportera fur toutes les autres fituations de voile jointes à leurs meilleures fituations de quille; en un mot, on cherche l'avantage des avantages. La methode qu'on a pour la recherche de ces fortes de *maxima* confifte à combiner les équations, dont chacune determine feparément la plus grande quantité pour fon hypothefe particuliere : De cette maniere on extermine une des indeterminées, pour avoir une nouvelle équation, qui ne contienne qu'une feule indeterminée; Et la racine de cette équation en determinera la valeur; cela étant fait on recommence l'operation, & on extermine (en comparant les deux égalités) l'autre indeterminée, pour avoir auffi une nouvelle équation, qui ne contienne que la premiere indeterminée, dont la racine determinera fa valeur : en voici l'application à nôtre fujet.

XII.

L'égalité de l'art. 6. de ce Chapitre
$$x^4 = aaxx + \tfrac{1}{3} ppxx - \tfrac{4}{9} aapp,$$ donne
$$pp =$$

$pp = \frac{9aaxx - 9x^4}{4aa - 3xx}$; substituez cette valeur de pp dans l'autre égalité de l'art. 9.
$p^4 = \frac{2}{3} aapp + \frac{1}{3} xxpp - \frac{1}{9} a^4 + \frac{1}{9} aaxx$,
il en resulte $81 x^8 - 180 aax^6 + 129 a^4$
$x^4 - 32 a^6 xx + 2 a^8 = 0$, qui a quatre
racines vraies, deux rationelles & deux
irrationelles, sçavoir $xx - aa = 0$,
$3 xx - aa = 0$, $9 xx - 4aa - aa \sqrt{10}$
$= 0$, & $9 xx - 4aa + aa \sqrt{10} = 0$; ce
qui donne quatre valeurs de xx, qui
font $xx = aa$, $xx = \frac{1}{3} aa$, $xx = \frac{4 + \sqrt{10}}{9}$
aa, & $xx = \frac{4 - \sqrt{10}}{9} aa$. On opere de
même, pour avoir pp; car l'égalité de
l'art. 9. $p^4 = \frac{2}{3} aapp + \frac{1}{3} xxpp - \frac{1}{9} a^4 +$
$\frac{1}{9} aaxx$, fournit $xx = \frac{9p^4 - 6aapp + a^4}{3pp + aa}$,
égalité, qui substituée dans l'autre éga-
lité de l'art. 6. $x^4 = aaxx + \frac{1}{3} ppxx -$
$\frac{4}{9} aapp$, donne $81 p^8 - 144 aap^6 +$
$75 a^4 p^4 - 10 a^6 pp = 0$, laquelle a aussi
quatre racines vraies, deux rationelles
& deux irrationelles, que voici $pp - 0$
$= 0$, $3 pp - 2 aa = 0$, $9 pp - 5 aa - aa$
$\sqrt{10} = 0$, & $9 pp - 5 aa + aa \sqrt{10} = 0$,
& ainsi quatre valeurs de pp, sçavoir pp
$= 0$, $pp = \frac{2}{3} aa$, $pp = \frac{5 + \sqrt{10}}{9} aa$, & $pp =$
$\frac{5 - \sqrt{10}}{9} aa$. Mais il s'agit de sçavoir ce

que

que fignifient ces quatre differentes valeurs tant de xx que de pp; & lefquelles des valeurs doivent être prifes enfemble une de chacun, fans quoi on
n'auroit rien fait, ou plûtôt on auroit
trouvé une verité, mais une verité qui
deviendroit inutile par l'impoffibilité de
l'appliquer à la refolution des cas propres.

XIII.

En premier lieu dans l'équation de
l'article précedent $pp = \frac{9aaxx - 9x4}{4aa - 3xx}$, fubftituez fucceffivement les quatre va-
leurs de xx; ou bien dans l'autre équa-
tion $xx = \frac{9p4 - 6aapp + a4}{3pp + aa}$, fubftituez
fucceffivement les quatre valeurs de pp;
& vous trouverez de l'une & de l'autre
de ces manieres les valeurs de xx & de
pp qui fe répondent ou qui doivent être
prifes enfemble, car fubftituant dans la
premiere équation, une des valeurs de
xx, par exemple, aa; on trouve $pp = 0$,
d'où j'infere que la valeur de $xx = aa$,
& celle de $pp = 0$ s'appartiennent mutuellement; fi au contraire dans l'autre
équation on avoit fubftitué la valeur de
$pp = 0$, il eft clair qu'on auroit eû xx
$= aa$; enforte que ces mêmes valeurs
de

de xx & de pp se feroient accompagnées;
obfervant donc cette regle de la fubfti-
tution, on trouvera

$$\text{que}\begin{cases} xx = aa \\ xx = \tfrac{1}{3}aa \\ xx = \dfrac{4+\sqrt{10}}{9}aa \\ xx = \dfrac{4-\sqrt{10}}{9}aa \end{cases}\text{doit être pris avec}\begin{cases} pp = 0\,aa \\ pp = \tfrac{2}{3}aa \\ pp = \dfrac{5+\sqrt{10}}{9}aa \\ pp = \dfrac{5-\sqrt{10}}{9}aa. \end{cases}$$

XIV.

On croiroit aifément à voir les refo-
lutions précedentes, que la voile & la
quille d'un Vaiffeau peuvent être difpo-
fées de quatre manieres differentes, pour
que le gain ou la perte au vent fût plus
confiderable, que dans toute autre dif-
pofition. Cependant il eft clair, ce me
femble, qu'il n'y a qu'une feule difpo-
fition de la voile & de la quille par rapport au vent, qui foit abfolument la plus
avantageufe pour gagner au vent ; de
même qu'il n'y en a qu'une feule, qui
faffe perdre au vent le plus qu'il eft poffible. D'où il faut conclurre, que de
ces quatre combinaifons de xx avec pp,
il n'y en a que deux, qui puiffent fervir ; & que les deux autres font inutiles, auffi arrive-t-il fouvent que toutes
les racines d'une équation ne font pas
propres à réfoudre la queftion, plufieurs
d'en-

d'entre elles étant souvent inutiles & ne
servant qu'à augmenter la dimension de
l'équation.   La question se reduit donc
à choisir les utiles ; ce que nous ferons
par le moyen des remarques rapportées
dans les articles 8. & 10. de ce Chapit.
touchant les limites de xx & de pp, que
j'ai demontré être telles , que xx doit
être plus petit que $\frac{2}{3}aa$, & pp plus grand
que $\frac{1}{3}aa$, dans le cas du vent étroit pour
gagner au vent ; & au contraire , que
xx doit être plus grand que $\frac{2}{3}aa$, & pp
plus petit que $\frac{1}{3}aa$, dans le cas du vent
largue pour perdre au vent ou pour le
fuir.

X V.

Que si nous examinons à présent , lesquelles de nos quatre combinaisons de
xx avec pp, ont ensemble les deux premieres ou les deux dernieres conditions,
& lesquelles n'ont ni les unes ni les autres de ces conditions, nous discernerons
les utiles d'avec les inutiles , & celle
pour le cas du vent étroit d'avec celle
pour le cas du vent largue. Or voyant
que la premiere combinaison de $xx =$
aa avec $pp = o\,aa$, satisfait aux deux
dernieres conditions, vû que xx est plus
grand que $\frac{2}{3}aa$, & pp plus petit que $\frac{1}{3}aa$;

j'infere

j'infère que cette combinaison eſt utile pour le cas du vent largue ; en effet, on peut être aſſuré ſans beaucoup de rai- ſonnement de la verité de ceci, puiſqu'il ſaute aux yeux, que pour fuir le vent le plus qu'on peut, c'eſt à dire, pour a- vancer le plus promtement ſuivant la di- rection du vent, avec un vaiſſeau dont la largeur ſoit inſenſible, ou ce qui re- vient au même, avec un vaiſſeau qui fend l'eau infiniment plus facilement a- vec la prouë qu'avec le côté ; il ſaute, dis-je, aux yeux, qu'il faut avoir le vent en pouppe & perpendiculaire à la voile, & ainſi qu'on aura $pp = 0$, & $xx = aa$; verité, à laquelle m'a conduit mon raiſonnement. Pour ce qui eſt de la troiſiéme combinaiſon de $xx = \frac{4 + \sqrt{10}}{9} aa$, avec $pp = \frac{5 + \sqrt{10}}{9} aa$; & de la qua- triéme $xx = \frac{4 - \sqrt{10}}{9} aa$, avec $pp = \frac{5 - \sqrt{10}}{9} aa$, je trouve que l'une & l'autre eſt in- utile, parce que ni l'une ni l'autre ne ſa- tisfait ni aux deux premieres ni aux deux dernieres conditions, car $\frac{4 + \sqrt{10}}{9} aa$ eſt à la verité plus grand que $\frac{2}{3} aa$, mais la quantité qui lui eſt combinée $\frac{5 + \sqrt{10}}{9} aa$

D

n'eſt

n'eft pas plus petite que $\frac{1}{3}aa$: Et $\frac{4-\sqrt{10}}{9}aa$ eft plus petit que $\frac{2}{3}aa$, d'un autre côté $\frac{5-\sqrt{10}}{9}aa$ fon combiné n'eft pas plus grand que $\frac{1}{3}aa$; enforte que ne rempliſ- ſant pas les doubles conditions, ces deux dernieres combinaiſons doivent être re- jettées comme inutiles.

XVI.

Il nous reſte à examiner la fecon- de égalité $xx = \frac{1}{3}aa$ combinée avec $pp = \frac{2}{3}aa$, qui merite d'autant plus d'at- tention, que Mr. Huguens n'en a pas oſé entreprendre la recherche à cauſe de la longueur du calcul, dans lequel il crai- gnoit de s'engager : quoi que la metho- de que nous avons ſuivie la faſſe paroî- tre à préſent ſi facile & ſi ſimple ; Nous voyons d'abord que xx étant plus petit que $\frac{2}{3}aa$, & pp plus grand que $\frac{1}{3}aa$, cet- te combinaiſon ſatisfait à la premiere paire des conditions, & que par conſe- quent elle doit être utile pour le cas du vent étroit, lors qu'on veut ſçavoir la poſition de la quille & de la voile la plus avantageuſe pour gagner au vent. Ainſi nous voyons que le ſinus (p) de l'angle (Fig. VI.) F B A que fait la quille

avec

avec la ligne du vent, eſt $a\sqrt{\frac{2}{3}}$, & que le ſinus (x) de l'angle O B A , que fait la voile avec la ligne du vent, eſt $a\sqrt{\frac{1}{3}}$; & que par conſequent un de ces angles eſt le complement de l'autre, ce qui eſt une proprieté trés - remarquable : Si l'on cherche par le moyen des Tables des ſinus la quantité de ces angles, on trouvera que l'angle F B A eſt de 54. degrés 44. min. & O B A de 35. degrés 16. min. au lieu que ſelon Mr. Renau le premier devroit être de 60. degrés, & l'autre de 30. degrés, deſorte qu'il fait le premier trop grand de 5. degrés 16. min. & l'autre trop petit de la même quantité ; ce qui eſt une difference aſſez ſenſible à mon avis, pour y avoir égard dans la pratique.

XVII.

Au reſte il ne ſera pas hors de propos de remarquer ici une choſe aſſez ſingu-liere : c'eſt que l'angle F B A eſt juſte-ment égal à celui que doit faire la barre du gouvernail avec la quille pour obli-ger le Vaiſſeau à tourner le plus prom-tement qu'il eſt poſſible, ce qu'il eſt ai-ſé de verifier par l'équation même $x^4 =$ $aaxx + \frac{1}{3}ppxx - \frac{4}{9}aapp$, dans laquel-le eſt contenuë comme un cas particu-

lier

lier la regle propre à determiner ce meilleur angle, comme Mr. Huguens l'a trés-
bien obſervé. En effet ſi l'on ſubſtitue
la ligne du mouvement de l'eau contre
le Gouvernail à la ligne du vent; la perpendiculaire ſuivant laquelle la pointe
du Vaiſſeau commence à tourner à la
ligne de la quille, & enfin le Gouvernail
même à la voile; On verra clairement,
qu'il n'y a qu'à ſubſtituer p à la place de
a dans l'équation, parce que la ligne du
mouvement de l'eau fait avec la ligne
du tournoyement du Vaiſſeau un angle
droit. Par cette ſubſtitution l'équation
ſe change en celle-ci $x^4 = \frac{4}{3} a a \, x x - \frac{4}{9} a^4$, qui donne $x x = \frac{2}{3} a a$, ou $x = \sqrt{\frac{2}{3} a a}$,
ce que Mr. Renau a auſſi trouvé dans ſa
Theorie pag. 72, quoi qu'il s'en ſoit enſuite retracté, mais à tort dans la réponſe qu'il fit à Mr. Huguens : Il eſt ai-
ſé de voir à préſent que $\sqrt{\frac{2}{3} a a}$ eſt préciſement égal au ſinus de l'angle FBA que
nous avons determiné ci-devant, deſorte que pour mettre un Vaiſſeau, qui
n'eſt pas ſujet à la dérive, dans la ſituation la plus favorable pour gagner au
vent, il faut que la quille faſſe avec la
ligne du vent un angle égal à celui que
la barre du Gouvernail doit faire avec

cette

cette même ligne pour faire tourner le
Vaisseau le plus facilement qu'il est possible.

CHAPITRE VI.

De la Route & de la Dérive d'un Vaisseau
qui a la figure d'un Losange ou
d'un Rhombe.

I.

APrez avoir supposé dans le Chapitre précedent, que la route d'un
Vaisseau se faisoit le long de la direction
de la quille, sans aucune dérive ; retournons aux considerations qui servent à
determiner cette derniere circonstance,
je parle de la dérive d'un Vaisseau : Il
est clair par tout ce que nous avons demontré ci-dessus, que faisant abstraction de l'impulsion que reçoit le corps
du Vaisseau par le vent, ce qui peut lui
causer quelque alteration dans sa route,
c'est uniquement de la figure du vaisseau, que dépend la determination de
la Dérive ; desorte qu'il est impossible
d'établir une regle universelle qui serve
indistinctement à toute sorte de Vaisseaux de quelques figures qu'ils puissent
être, comme le pretend faire Mr. Renau

par

par le feul *rapport qu'il y a de la refiftance
que le vaiffeau trouve à fendre l'eau avec
fon côté, à celle qu'il trouve à la fendre avec
fa pointe.* (voyez l'art. 1. du Chap. II. de
fa Theorie.) J'avoüe qu'il feroit extrêmement difficile de deligner au jufte la
veritable figure d'un vaiffeau, fur laquelle on pût fonder un calcul affuré,
vù que dans la conftruction des vaiffeaux on ne s'affujettit pas à l'exacte
defcription d'une figure geometrique.
Je ne difconviens pas non plus, que le
Rectangle que nous avons pris pour re-
prefenter un vaiffeau, differe beaucoup
de la figure ordinaire d'un vaiffeau :
Cependant loin que la fuppofition que
nous venons de faire en donnant à un
Vaiffeau une figure inufitée puiffe nui-
re, on en peut au contraire retirer une
utilité réelle, non feulement en ce que
les régles que j'ai établies fe trouveroient
exactement vraies, s'il y avoit des vaiffeaux de la figure que nous avons fuppofée ou que l'on s'avifat d'en conftruire, mais encore en ce qu'on en peut in-
ferer la maniere de determiner par le
calcul la dérive d'un Vaiffeau quelque
figure qu'on lui donne foit chimerique
ou réelle. Mais pour tirer quelque ufage de

ge de ceci, imaginons-nous une figure plus approchante de la veritable forme d'un Vaiſſeau que la précedente, ſur laquelle nous reglerons nôtre calcul.

II.

Soit par exemple un Vaiſſeau en for-me de Rhombe ou de Loſange H P M Q, dont la grande Diagonale H M repréſen-te la quille, D C la ligne de la voile paſ-ſant par le centre du vaiſſeau B, où ſe croiſent les deux diagonales H M & P Q ; B G la ligne de la force mouvan-te, laquelle eſt perpendiculaire ſur D C ; B L la ligne de la route, coupant les cô-tés du rhombe P M & P H prolongés s'il eſt beſoin aux points S & R : L'angle M B L eſt l'angle de la dérive, qu'il s'a-git de determiner par la ſituation don-née de la quille H M & de la voile D C ; ou ce qui eſt tout un, l'un ou l'autre des deux angles M B C , M B L , étant donné, il s'agit de trouver celui qu'on ignore, & enfin de determiner la propor-tion des viteſſes pour les diverſes ſitua-tions de la voile & de la quille : c'eſt ce que nous allons executer de la maniere ſuivante.

Fig. VIII.

III.

Je remarque d'abord qu'il y a trois

cas

cas à confiderer ; le premier, lorfque la ligne de la route B L coupe en R le côté H P du Rhombe prolongé en avant, ou pour m'expliquer en d'autres termes, lorfque l'eau frappe le vaiffeau par les deux côtés M P, P H, qui forment l'angle obtus M P H. Le fecond cas eft lorfque le point R, où s'entrecoupent ces lignes, fe trouve en prolongeant H P & B L en arriere, fçavoir lorfque l'eau frappe le vaiffeau par les deux côtés M P & M Q, qui comprennent l'angle aigu P M Q : Enfin on a le troifiéme cas lorfque le point R eft éloigné à l'infini, B L étant parallele à H P, ce qui arrive lorfque la refiftance de l'eau ne fe fait fentir qu'au feul côté P M. Les deux premiers cas reviennent au même par un petit changement ; le troifiéme s'en déduit aifément ; nous nous attacherons donc au premier.

I V.

Je remarque en fecond lieu que l'eau pouffe les cotés P M & P H perpendiculairement, avec des forces proportionelles aux quarrés des finus des angles d'incidence par l'art. 1. du Chap. I. Ayant donc mené & prolongé par le point B les lignes T B F & N B E perpendiculai-

res

tes à P M & à P H, enforte que B F foit
à B E, comme le quarré du finus de l'angle d'incidence L S M, fous lequel eft
frappé le côté P M, eft au quarré de l'angle d'incidence R, fous lequel eft frappé le côté P H; ayant enfuite achevé le
parallelogramme B F O E, & tiré la diagonale B O; il eft clair par l'art. 15. &
fuivans du Chap. I. que B O fera la direction & la quantité de la refiftance
moyenne, avec laquelle le vaiffeau eft
repouffé par l'eau; & que par conféquent O B étant prolongé vers G, on aura B G pour la ligne de la force mouvante, & fa perpendiculaire D C pour la
fituation de la voile.

V.

Que fi le point d'interfection R eft en
arriere de la route B L; ce qui fait le Fig. IX.
fecond cas : Il n'y a qu'à prendre le côté Q M, au lieu du côté P H, pour avoir
fon interfection V, en prolongeant en a-
vant la ligne de la route & ce côté Q M,
fur lequel ou fur P H on tirera la perpendiculaire B N, & fur laquelle on
prendra B E, qui foit à B F comme le
quarré du finus de l'angle V, au quarré
du finus de l'angle L S M : Par la même
raifon qu'auparavant, la diagonale B O

D 5   fera

sera la direction de la resistance moyenne de l'eau, & par consequent sa prolongation B G sera la ligne de la force mouvante, & D C perpendiculaire à B G, la ligne de la voile.

V I.

Mais si la route B L est parallele à l'un des côtés P H, cela fera le troisiéme cas; auquel le point R ou V est à l'infini, & ainsi l'angle R ou V infiniment petit; d'où il suit que la raison de B E à B F devenant aussi infiniment petite, la diagonale B O tombera sur B F, & B G sur B T, desorte que la ligne de la force mouvante doit être perpendiculaire, & partant celle de la voile parallele au côté P M, pour faire que la route B L devienne parallele à l'autre côté P H.

VII.

Remarquez encore que si B L tombe sur B P dans le premier cas, ou sur B M dans le second, les deux angles d'incidence de l'eau sur deux côtés du rhombe deviennent égaux, & partant les deux côtés du parallelogramme B E & B F devenant aussi égaux, B O ou sa prolongation B G tombent aussi dans le premier cas sur B P, & dans le second sur B M : c'est à dire que dans l'un &

l'autre

l'autre de ces cas B L & B G ne font qu'une même ligne, ce que l'on auroit aifément pu prévoir, pour peu qu'on y eût fait d'attention, ce qui confirme la jufteffe de ce raifonnement.

VIII.

Nous remarquerons enfin en dernier lieu que le parallelogramme BEOF, dont les cotés BE & BF expriment les directions & les proportions des forces de l'eau fur les cotés du vaiffeau, eft équiangle au Rhombe PMQH : car l'angle FBE eft égal à l'angle M dans la Fig. VIII. ou à l'angle P dans la Fig. IX. parce que l'angle NBT, qui eft égal à l'angle FBE, fait avec l'angle P dans la Fig. VIII. ou avec l'angle M dans la Figur. IX. deux angles droits ; & que les deux P & M font auffi deux angles droits. Cependant ce parallelogramme ne devient femblable au rhombe PHQM qu'en deux cas, fçavoir lorfque la ligne de la route tombe fur celle de la quille, ou lorfqu'elle lui eft perpendiculaire : dans le premier cas la dérive eft nulle, parce que la voile eft perpendiculaire à la quille : mais dans le fecond, la dérive eft auffi grande qu'elle puiffe être, parce que la voile eft parallele à la quille.

CHA-

CHAPITRE VII.

De la Vitesse d'un Vaisseau Rhomboïque.

I.

PAſſons à préſent à la maniere de determiner les differentes viteſſes d'un Vaiſſeau rhomboïque par rapport aux diverſes ſituations de ſa quille, en gardant toûjours la même ſituation de la voile, la même force & la même ligne du vent : Soit un cercle O E B E, que je coupe en deux ſegmens par la corde B O, dont le petit ſegment B E O contienne ſes angles E égaux à l'angle obtus du rhombe ou à l'angle B E O du parallelogramme de la Fig. VIII. Et le grand ſegment B E O ait les angles E égaux à l'angle aigu du rhombe ou à l'angle B E O du parallelogramme de la Fig. IX. Cela fait, je conçois que la corde B O repréſente la force moyenne de la reſiſtance de l'eau contre le Vaiſſeau, laquelle eſt égale à la force du vent contre la voile par l'art. 15. du Chap. I. & par conſequent auſſi invariable dans les diverſes ſituations de la quille : Ainſi toutes les cordes B E, B E &c. & leurs contiguës O E, O E &c. dans la Fig. VIII. comme auſſi toutes les cordes B E, B E &c.

Fig. X.

&c. & leurs contiguës O E, O E &c. dans la Fig. IX. exprimeront les forces laterales de l'eau fur les côtés du rhombe, pour toutes les fituations poffibles de la quille, par rapport à celle de la voile ou à celle de la force mouvante, qu'on fuppofe donnée. Or les forces laterales font en raifon compofée des quarrés des viteffes & des quarrés des finus des angles d'incidence par l'art. 3. du Chap. I. Soit donc u la viteffe du vaiffeau dans une fituation quelconque de la quille, foit v la viteffe dans une autre fituation quelconque : foient auffi R & S les finus des angles d'incidence fur les cotés du rhombe dans la premiere fituation ; & r & s les finus de ces mêmes angles dans la feconde fituation. Cela pofé, on aura pour le cas de la Fig. VIII. BE. Be :: uu RR . $vvrr$, ou OE. Oe :: uu SS . $vvss$; & pour le cas de la fig. IX. BE. Bε :: uu RR . $vvrr$; ou OE. Oε :: uu SS . $vvss$: Divifant les termes par R R & rr, ou par SS & ss ; il vient $uu . vv$ :: $\dfrac{BE}{RR} \cdot \dfrac{Be}{rr}$, ou :: $\dfrac{OE}{SS} \cdot \dfrac{Oe}{ss}$ pour la Fig. VIII. Et $uu . vv$ :: $\dfrac{BE}{RR} \cdot \dfrac{B\varepsilon}{rr}$, ou :: $\dfrac{OE}{SS} \cdot \dfrac{O\varepsilon}{ss}$ pour la Figur. IX : mais les cordes font comme les finus des angles oppofés, c'eft à dire B E . Be ::

finus

finus de l'angle BOE . finus de l'angle BOe ; & ainfi $uu \cdot vv :: \dfrac{\text{fin. } BOE}{RR} \cdot \dfrac{\text{fin } BOe}{rr}$ ou $:: \dfrac{\text{fin. } OBE}{SS} \cdot \dfrac{\text{fin. } OBe}{ss}$ pour la Fig. VIII. & $uu \cdot vv :: \dfrac{\text{fin. } BOE}{RR} \cdot \dfrac{\text{fin. } BOe}{rr}$, ou $:: \dfrac{\text{fin. } OBE}{SS} \cdot \dfrac{\text{fin. } OBe}{ss}$, d'où l'on voit, que les viteffes font en raifon compofée de la raifon directe des finus des angles que fait BO ou la ligne de la force mouvante avec la perpendiculaire tirée fur un des côtés du rhombe, & de la raifon reciproque doublée des finus des angles, que fait la ligne de la route avec le même coté du rnombe.

I I.

On peut auffi conftruire geometriquement la proportion des viteffes, de la maniere fuivante : Soit PX parallele à BR dans l'une & l'autre figure ; & que l'on conçoive Px parallele à Br, qui repréfente une autre ligne de route, nommant comme ci-deffus r & s les finus des angles fous lefquels ce côté eft coupé par cette nouvelle route ; on a $R \cdot r :: Br \cdot BR :: Br \cdot HB + HB \cdot BR :: Px \cdot Hx + HX \cdot PX :: Px \times HX \cdot PX \times Hx :: \dfrac{Px}{Hx} \cdot \dfrac{PX}{HX}$; c'eft pourquoi en fubftituant

pour

pour la raiſon de R R à *rr* ſon équiva-
lente $\frac{P x^2}{H x^2}$ à $\frac{P X^2}{H X^2}$, on aura $uu . vv$ (:: $\frac{BE}{RR} .$

$\frac{Be}{rr}$) :: $\frac{BE \times P X^2}{H X^2} . \frac{Be \times P x^2}{H x^2}$: ou ſi l'on veut,
on trouvera par la même voye $uu . vv$

$(:: \frac{OE}{SS} . \frac{Oe}{ss})$ :: $\frac{OE \times P X^2}{M X^2} . \frac{Oe \times P x^2}{M x^2}$. Il en eſt
de même du cas de la Fig. IX; car il

viendra $uu . vv :: \frac{BE \times P X^2}{H X^2} . \frac{Be \times P x^2}{H x^2}$, ou ::

$\frac{OE \times P X^2}{M X^2} . \frac{Oe \times P x^2}{M x^2}$.

III.

Ayant donc determiné la ligne de la
force mouvante par celle de la route
comme il a été enſeigné dans les articles
4, 5, & 6. du Chap. préced. la ſituation
de la quille étant donnée, on fera dans
la Fig. X. l'angle O B E dans le cas de la
Fig. VIII. ou l'angle O B *E* dans celui de
la Fig. IX. égal à l'angle de la ligne de
la force mouvante & de la perpendiculaire ſur le côté du rhombe H P : Et la
quatriéme proportionelle de H X², P X²
& B E ou B *E* exprimera le quarré de la
viteſſe cherchée. Ou ſi l'on aime mieux,
on fera dans la même figure X l'angle
B O E pour le premier cas ou B O *E*
pour l'autre égal à l'angle de la ligne de
la force mouvante & de la perpendiculaire

laire fur le côté du rhombe P M ; car la quatriéme proportionelle de MX^2, PX^2 & O E ou OE, donnera auffi le quarré de la viteffe.   Il eft bon d'obferver ici, qu'il n'eft pas neceffaire de connoître les angles O B E ou O B E, ni B O E ou B O E, pour determiner les lignes B E, O E ou B E, O E ; puifqu'il fuffit pour cela d'infcrire dans les fegmens du cercle, les triangles B E O ou B E O, dont les deux côtés B E, O E, ou B E, O E foient en raifon du quarré de H X au quarré de M X ; ce que je prouve ainfi : Ayant tiré M I parallele à la ligne de la route, & qui coupe le côté prolongé H P en I ;   Par les articles 4. & 5. du Chap. préced. on a B E à O E ou B E à O E comme le quarré du finus de l'angle P R S au quarré du finus de l'angle P S R :: PS^2 . PR^2 :: PM^2 . PI^2 :: PH^2 . PI^2 :: XH^2 . XM^2, donc auffi B E . O E ou B E . O E :: XH^2 . XM^2.

I V.

Pour chercher analytiquement la proportion des viteffes, on voit, aprés avoir tiré O K perpendiculaire fur B E ou B E, que l'angle E O B ou E O B étant le complement de l'angle O E B ou O E B, l'eft auffi de l'angle aigu du Rhombe, & que

par

par consequent il est aussi donné; soit donc O E . E K ou O E . E K :: m . n; B O où la resistance moyenne de l'eau étant égale à la force mouvante & par consequent invariable pour toutes les situations de la quille, par ce qu'on suppose donnée la situation de la voile par rapport au vent, je prends B O $= a$; la vitesse $= u$; B E ou $B E = x$; on aura par l'analogie demontrée à la fin de l'article précedent O E ou O $E = \frac{x\,\mathrm{M\,X}^2}{\mathrm{H\,\Lambda}^2}$; & E K ou E K $= \frac{n\,x\,\mathrm{M\,X}^2}{m\,\mathrm{H\,X}^2}$; mais B E^2 + E O^2 + 2 B E K ou B E^2 + E O^2 — 2 B E K $=$ B O^2, substituant donc la valeur de chacun on trouve $x\,x + \frac{x\,x\,\mathrm{M\,X}4}{\mathrm{H\,X}4} \pm \frac{2\,n\,x\,x\,\mathrm{M\,X}^2}{m\,\mathrm{H\,\Lambda}^2} = a\,a$; de-là il vient x ($=$ B E ou B E) $=$

$$\frac{a\,\mathrm{H\,X}^2}{\sqrt{\mathrm{H\,X}4 + \mathrm{M\,X}4 \pm \frac{2\,n}{m}\,\mathrm{M\,X}^2 \times \mathrm{H\,X}^2}} : \quad \text{Et partant}$$

$\frac{\mathrm{B\,E} \times \mathrm{P\,X}^2}{\mathrm{H\,X}^2}$ ou $\frac{\mathrm{B}\,E \times \mathrm{P\,X}^2}{\mathrm{H\,X}^2}$ (que nous avons demontré proportionel à $u\,u$) deviendra $=$

$$\frac{a\,\mathrm{P\,X}^2}{\sqrt{\mathrm{H\,X}4 + \mathrm{M\,X}4 \pm \frac{2\,n}{m}\,\mathrm{M\,X}^2 \times \mathrm{H\,X}^2}} ; \quad \text{En le divisant}$$

par la constante a, & prenant les racines nous aurons la vitesse u, proportionelle à cette fraction

$$\frac{\mathrm{P\,X}}{\sqrt{\sqrt{\mathrm{H\,X}4 + \mathrm{M\,X}4 \pm \frac{2\,n}{m}\,\mathrm{M\,X}^2 \times \mathrm{H\,X}^2}}}.$$

E   V. Si

V.

Si la route BL eſt perpendiculaire à la quille BM, c'eſt à dire ſi celle-ci eſt parallele à la voile, alors PX ſera PB, & HX $=$ MX ; & ainſi la viteſſe ſera $\dfrac{PB}{BH\sqrt{\sqrt{2}+\frac{2n}{m}}}$; mais nommant BH, b ; & PB, c ; on trouve que $\dfrac{2n}{m} = \dfrac{2bb-2cc}{bb+cc}$, & partant $\dfrac{PB}{BH\sqrt{\sqrt{2}+\frac{2n}{m}}} = \dfrac{c}{b\sqrt{\sqrt{2}+\frac{2bb-2cc}{bb-cc}}} = \dfrac{c\sqrt{\sqrt{bb+cc}}}{b\sqrt{2b}}$.

VI.

Si la ligne de la route tombe ſur celle de la quille, c'eſt-à-dire, ſi celle-ci eſt diſpoſée perpendiculairement à la ligne de la voile ; alors PX devient parallele à HM, & toutes les trois PX, HX & MX ſont cenſées égales ; ainſi la viteſſe u ſera exprimée par $\dfrac{1}{\sqrt{\sqrt{2}-\frac{2n}{m}}}$, ou (en mettant pour $\frac{2n}{m}$ ſa valeur) par $\dfrac{\sqrt{\sqrt{bb+cc}}}{\sqrt{2c}}$.

VII.

En comparant donc ces deux expreſſions, on trouve la raiſon de la viteſſe du du Vaisseau quand il fend l'eau avec son angle aigu à sa vitesse quand il la fend avec son angle obtus :: $\dfrac{\sqrt{\sqrt{bb+cc}}}{\sqrt{2c}}$. $\dfrac{c\sqrt{\sqrt{bb+cc}}}{b\sqrt{2b}}$ :: $b\sqrt{b}$. $c\sqrt{c}$ :: $HB\sqrt{HB}$. $PB\sqrt{PB}$ :: $HM\sqrt{HM}$. $PQ\sqrt{PQ}$, c'est à dire en raison sesquipliquée des diagonales du rhombe, ou comme les racines quarrées des cubes de ces diagonales.

VIII.

Si la route est parallele à l'un des côtés PH, en sorte que l'eau ne donne que contre le seul coté PM, qui devient parallele à la ligne de la voile ; alors PX se change en PH, MX en MH, & HX en o ; d'où resulte pour la vitesse $\dfrac{PH}{MH} = \dfrac{\sqrt{bb+cc}}{2b}$, qui comparée avec celle de l'art. 5. de ce Chap. donne $\dfrac{\sqrt{bb+cc}}{2b}$. $\dfrac{\sqrt{\sqrt{bb+cc}}}{b\sqrt{2b}}$ :: $\sqrt{\sqrt{i^{4}+bbcc}}$, & avec celle du 6 ; $\dfrac{\sqrt{bb+cc}}{2b}$. $\dfrac{\sqrt{\sqrt{bb+cc}}}{\sqrt{2c}}$ :: $\sqrt{\sqrt{bbcc+c^{4}}}$. $\sqrt{\sqrt{4b^{4}}}$.

IX.

Si les deux diagonales PB & HB, ou b & c, sont égales, c'est à dire, si le Vaisseau a la figure d'un Quarré, dont la quille soit l'une des deux diagonales.

E 2

Dans

Dans ce cas $n = 0$: Ainſi la fraction exprimant les viteſſes ſe change en celle-ci $\frac{P X}{\sqrt{\sqrt{} H X^4 + M X^4}}$. Et les deux viteſſes du premier & du ſecond cas, expliqués dans les art. 5. & 6. feront, comme il eſt viſible, égales entre elles ; chacune s'exprimant par $\frac{1}{\sqrt{\sqrt{} 2}}$: mais celle de l'art. précéd. ſera $\frac{1}{\sqrt{} 2}$ qui eſt à cette derniere comme 1 à $\sqrt{}\sqrt{} 2$.

X.

Quant à ce qui concerne la proportion des viteſſes non ſeulement par rapport aux diverſes ſituations de la quille du vaiſſeau, mais encore par rapport aux diverſes ſituations de la voile ; on verra aiſément ſi on ſe donne la peine de faire attention à ce que nous avons expliqué dans l'art. 4. du Chap. III. que prenant S pour le ſinus de l'angle du vent & de la voile, la viteſſe s'exprimera par la même fraction de l'art. 4. de ce Chapitre multipliée ſeulement par S ; ainſi l'on aura $u = \dfrac{S \times P X}{\sqrt{}\sqrt{} H X^4 + M X^4 + \frac{2n}{m} M X^2 \times H X^2}$.

CHA-

CHAPITRE VIII.

Theoréme & remarque sur la route d'un Vaisseau Rhomboïque par rapport à la situation de la quille.

I.

AVant que de quitter les reflexions que nous venons de faire sur un Vaisseau dont la figure est un Rhombe : je ferai part au Public d'un Theoréme également simple & elegant par le moyen duquel on determine la dérive d'un vaisseau dont la position & celle de sa voile sont connuës ; ou reciproquement la situation de sa quille, lorsque la route & la ligne de la voile sont données.

THEORÉME.

Soit HPMQ un rhombe quelcon- que ; dont les diagonales HM & PQ, se croisent au centre B : Par ce point B soient décrites deux hyperboles ABC & ᵘBᵟ, dont la premiere ait pour asym- totes les côtés prolongés MPI & MQY; Et l'autre pour asymtotes les deux au- tres côtés prolongés PHK & PMZ : D'un point quelconque D pris sur l'une

Fig. XI.

E 3

des

des hyperboles par ex A B C, foient tirées deux lignes droites, l'une par le
fommet de l'hyperbole B, & l'autre au
point M, qui en eft le centre; La premiere de ces lignes droites coupe les
afymtotes aux points R, S & O. Enfin foit tirée la ligne droite B G, qui faffe avec B P, l'angle P B G égal à l'angle
B M D. Je dis que B R étant une route
& B M la fituation de la quille, B G fera la ligne de la force mouvante, & par
conféquent fa perpendiculaire fera la ligne de la voile.

D E M O N S T R A T I O N.

Le finus de S M D eft au finus de
D M O :: finus de S M D . finus de M D S
+ finus de M D O . finus de D M O ::
(prenant les cotés oppofés aux angles)
S D . M S + M O . D O :: S D $\times$ M O .
M S $\times$ D O :: (par la nature de l'Hyper-
bole D O = S B, & S D = B O) B O $\times$
M O . M S $\times$ B S :: (parce que l'angle
S M O étant coupé en deux également
par la ligne M B, on a B O . B S :: M O .
M S) M O $\times$ M O . M S $\times$ M S :: M O^2 .
M S^2 :: P R^2 . P S^2 :: le quarré du finus
de P S R ou M S R . quarré du finus de
P R S, c'eft à dire comme la refiftance
laterale contre le coté P M, à la refiftan-
ce

ce laterale contre le côté P H. Tirant donc B T , B N perpendiculaires fur les cotés du rhombe, l'angle N B T, qui eſt égal à l'angle S M O, ſera diviſé par la ligne B G, comme ce dernier l'eſt par la ligne M D, par ce que par hyp. l'angle P B G = B M D. Ainſi donc le finus de l'angle N B G ou de ſon oppoſé (voyez la Figure VIII.) E B O, eſt au finus de G B T ou de ſon oppoſé F B O : c'eſt à dire, O E eſt à B E, comme la force laterale de l'eau ſur P M, eſt à la force laterale ſur P H : par conſequent B O ſera la ligne de la reſiſtance moyenne, & ſa prolongée B G, ſera celle de la force mouvante. Ce qu'il falloit demontrer. Remarquez que ſi le point D avoit été pris ſur l'autre hyperbole α B ∂, la demonſtration auroit été entierement ſemblable, mais au lieu de la Fig. VIII. on auroit cité la Fig. IX.

I I.

Je ne m'arrêterai pas à montrer ce qu'il faudroit faire pour réfoudre les queſtions des plus avantageuſes ſituations de la voile & de la quille, afin que le Vaiſſeau qui a la forme d'un Loſange gagne le plus au vent, ou qu'il avance le plus dans une route propoſée.

E 4

On

On voit à peu prés sur quoi on doit se regler dans cette recherche, si on fait attention, à ce que nous avons pratiqué dans les articles 1, 2, 3 & 4. du Chapitre IV. à l'égard d'un Vaisseau dont la figure est un parallelogramme rectangle.

III.

Si le Rhombe avoit une largeur infiniment petite par rapport à sa longueur, en cette supposition la dérive seroit nulle dans toutes les situations de la quille, desorte que nous retomberions de nouveau dans le cas de Mr. Huguens, que j'ai amplement examiné dans la digression du Chap. V. Car ce que j'y ai demontré regarde tous les Vaisseaux en general de quelque figure qu'ils soient, pourvû qu'on les suppose toûjours exemts de la dérive, quoi qu'il soit impossible, qu'il y ait un vaisseau, quelque facilité qu'il ait à fendre l'eau avec sa pointe, qui ne soit contraint par une force oblique de se detourner un peu de la route qu'il tiendroit sans cela le long de la ligne de la quille, & de se mouvoir suivant une nouvelle route, c'est-à-dire, qui ne soit sujet à la dérive. Il seroit à souhaiter, qu'on trouvât le moyen d'éviter cet inconvenient, qui ne peut que

rendre

rendre extrêmement difficile la Théorie de la manœuvre des Vaiſſeaux, & cau-ſer beaucoup d'embarras dans la prati-que, ce qui paroît aſſez évidemment par tout ce que nous avons dit juſqu'i-ci : Mais puiſque l'on ne peut guéres ſe flater d'un heureux ſuccés dans une en-trepriſe de cette nature, tout ce à quoi on doit s'attacher c'eſt de diminuer au-tant qu'il eſt poſſible l'incommodité qui reſulte de la dérive à laquelle on ne peut pas remedier entierement.

I V.

L'unique moyen ſeroit de donner aux Vaiſſeaux que l'on conſtruit une figure telle, que l'eau fit contre leur prouë le moins de reſiſtance qu'il eſt poſſible : J'ai communiqué autrefois la ſolution d'un probleme, qui a rapport à cette queſtion, c'eſt celui par lequel on de-mande le ſolide de la moindre reſiſtan-ce, ou qui fend un fluide avec le plus de facilité. Peut-être reüſſiroit-on mieux dans la conſtruction des Vaiſſeaux ſi l'on ſe ſervoit des regles que l'on peut tirer de cette ſolution, quoique la figu-re du ſolide determinée par la ſolution que j'ai donnée de ce probleme ſe re-ſtreigne au ſeul mouvement direct ou

E 5

qui

qui fe fait le long de l'axe du folide, &
ne determine rien à l'égard du mouvement oblique : Auſſi eſt-il impoſſible,
que la figure du folide de la moindre
refiſtance puiſſe être la même pour toutes les obliquités du mouvement ; Ce
que je prétens n'eſt donc pas, qu'on s'attache fcrupuleufement & d'une maniere fervile aux conditions trouvées par
la folution du probleme : Ce feroit exiger l'impoſſible & peut-être même une
chofe inutile ; il fuffit que l'on tire de
la folution de ce probleme les lumieres
qui peuvent être utilement employées
dans la pratique, en fe remettant pour
le furplus à ce que l'experience a indi-
qué de plus convenable : Il n'y a pas
de doute que fi l'on fuivoit cette methode, & que l'on joignit à la pratique
aveugle des ouvriers les Reflexions des
habiles gens, on ne parvint enfin au plus
haut degré de perfection où les arts peuvent être portés. Mais revenons à nôtre fujet.

CHAPITRE IX.

*Du mouvement des Figures Curvilignes dans
une matiere fluide. De la determination*

tant

*tant de la Refiftance moyenne que de fa
direction. Et de la Viteffe.*

I.

APrés avoir examiné le mouvement
d'un Vaiſſeau dont la figure ſeroit
un Parallelogramme rectangle , & un
Rhombe, ſuppoſons-en une qui approche davantage de celle que doit avoir
veritablement un Vaiſſeau : On voit d'a-
bord, que ce ne peut pas être une figure rectiligne ; Soit donc une curviligne
telle qu'eſt la figure qui reſulte de la combinaiſon de deux ſegmens des cercles
égaux ſur une corde commune, laquelle repréſente aſſez exactement la veritable figure d'un Vaiſſeau ; elle nous ſer-
vira de modele pour les autres.

II.

Pour determiner la dérive que ſouffre
un tel Vaiſſeau, il faut avant toute choſe montrer ici une maniere generale de
trouver la tendance ou direction, & la
quantité de la force moyenne de l'eau,
qui d'un mouvement parallele vient
frapper une ſurface convexe, ou qui reſiſte (car c'eſt la même choſe) à cette
ſurface , quand elle eſt mûe parallelement dans une **eau calme.** Ce ſera de
cette

cette determination que dependra aussi celle de la route des Vaisseaux qui sont terminés par des surfaces convexes.

III.

Fig. XII.

Soit A C F la section horizontale d'une telle surface, qui se meut dans l'eau suivant la direction A M ; ainsi l'eau fait son impulsion continuelle sur chaque point C, suivant N C directement oppo-sée, & par conséquent parallele à A M. Soit A G perpendiculaire à AM, l'axe de la courbe A C F ; A B l'abscisse $= x$; B C l'ordonnée $= y$; Bb differentielle de l'abscisse $= dx$; ec differentielle de l'ordonnée $= dy$; Cc differentielle de la courbe $= dt$. Puisque la resistance se fait sentir dans chaque point C suivant C D perpendiculaire à la courbe, & qu'elle est (par l'art. 2. du Chap. I.) comme Cc multiplié par le quarré du sinus de l'angle d'incidence c C N ou Cce, c'est à dire comme $dt \times \frac{dx^2}{dt^2} = \frac{dx^2}{dt}$; il est ma-nifeste, que si nous decomposons cette force, dont la direction est C D, en deux laterales, dont les directions soient C B & C O, l'une perpendiculaire & l'autre parallele à l'axe A G, il faut faire C D. C B $(:: $ Cc . Ce $:: dt . dx) :: \frac{dx^2}{dt} \cdot \frac{dx^3}{dt^2} =$

à la

à la force laterale de la refiftance fuivant
CB : Et CD . CO $(:: Cc . ce :: dt . dy)$
$:: \frac{dx^2}{dt} . \frac{dx^2 dy}{dt^2} =$ à la force laterale de la
refiftance fuivant CO ; prenant donc
l'integrale de $\frac{dx3}{dt^2}$ & de $\frac{dx^2 dy}{dt^2}$, & fuppofant enfuite A B ou $x =$ A G, on aura
les deux forces laterales totales, avec
lefquelles la furface A C F eft repouffée
partie fuivant la perpendiculaire, partie
fuivant la parallele à l'axe ; c'eft pourquoi fi fur les lignes prolongées F G &
A G, Vous faites G H à G I en raifon de
$\int \frac{dx3}{dt^2}$ à $\int \frac{dx^2 dy}{dt^2}$, & que Vous acheviez
le rectangle H G I L ; la diagonale G L
marquera la determination & la quantité de la refiftance moyenne, & par conféquent auffi celle de la force mouvante : Je veux dire, que pour faire mouvoir d'un mouvement parallele & uniforme, le plan terminé par la courbe
A C F dans une eau fans mouvement,
il faut le tirer ou le pouffer avec une force, dont la tendance foit parallele à L G,
& qui lui foit proportionnée : Car pour
lors cette force mouvante fera directement oppofée (comme elle le doit être)
à la refiftance moyenne du fluide.   En
voici l'application.

IV. Con-

IV.

Fig. XIII.

Concevons que la courbe A C F soit un arc de cercle; dont le centre soit S; Que cet arc soit continué, s'il est besoin de part & d'autre, pour avoir le quart de cercle E A C K terminé par les rayons S E & S K, l'un perpendiculaire & l'autre parallele à la ligne du mouvement ou de la route A M; soient aussi prolongées les lignes C B & F G en V & T: Cela fait, soit SE ou SK $= a$, AR $= b$, AG ou KT $= c$, ST $= \sqrt{aa - bb} = h$, AB $= x$, BC $= y$; on aura par la nature du cercle $yy + 2by \quad = xx + 2hx$; partant $y = -b + \sqrt{bb - xx + 2hx}$; & $dy = \dfrac{h - x}{\sqrt{bb - xx + 2hx}} dx$: Mais pour tirer commodement les integrales de $\dfrac{dx^3}{dt^2}$ & de $\dfrac{dx^2 dy}{dt^2}$, observons que $dx . dt \; (:: Ce . Cc) :: CV . SC$ ou $SE :: y + b . a :: \sqrt{bb - xx + 2hx} . a$; ce qui donne

$$\frac{dx^3}{dt^2} = \frac{bb - xx + 2hx}{aa} dx, \quad \& \quad \frac{dx^2 dy}{dt^2} =$$

$$\frac{bb - xx + 2hx}{aa} dy = \frac{h - x\sqrt{bb - xx + 2hx}}{aa} dx:$$

Or l'un & l'autre est heureusement integrable, car $\int \dfrac{bb - xx + 2hx}{aa} dx = \dfrac{bb x - \frac{1}{3}x^3 + hxx}{aa}$,

& $\int \dfrac{h - x\sqrt{bb - xx + 2hx}}{aa} dx = \dfrac{\overline{bb - xx + 2hx}^{\frac{3}{2}}}{3aa}$

$$= bb$$

$$= \frac{\overline{bb - xx + 2hx} \sqrt{bb - xx + 2hx}}{3aa}$$: Mais puifque cette derniere quantité ne fe reduit
pas à Zero (comme cela devroit être)
par la fuppofition de $x = 0$, car il en
vient $\frac{b3}{3aa}$; il faut ôter ce $\frac{b3}{3aa}$ de l'integrale trouvée felon la maxime de cette
methode, pour avoir ici la veritable in-
tegrale de $\frac{\overline{h - x} \sqrt{bb - xx + 2hx}}{aa} dx$, qui fera

$$= \frac{\overline{bb - xx + 2hx} \sqrt{bb - xx + 2hx} - b3}{3aa}$$, laquel-

le exprime avec la premiere $\frac{bbx - \frac{1}{3}x3 + hxx}{aa}$

la proportion des forces laterales tota-
les de la refiftance de l'eau contre l'arc
AC ; & mettant c ou AG pour x ou
AB, on aura la proportion de ces for-
ces laterales totales pour l'arc entier
ACF, fçavoir GH . GI $\left(:: \int \frac{d x3}{d t^2} . \int \frac{d x^2 dy}{a t^2} \right)$

$$:: \frac{bbc - \frac{1}{3}c3 + hcc}{aa} . \frac{\overline{bb - cc + 2hc} \sqrt{bb - cc + 2hc} - b3}{3aa}$$

$$:: \overline{3bbc - c^3 + 3hcc} . \overline{bb - cc + 2hc}$$
$$\sqrt{bb - cc + 2hc} - b3 :: 3 AR^2 + 3 FT^2$$
$$+ TR^2 \times TR . 2 FT^3 - 2 AR^3.$$

V.

Si l'arc ACF prend fon commencement A au point E, où l'eau ne fait que
frifer le cercle quand il fe meut fuivant
AM ;

AM; on aura $b = o$, & $h = a$: Et l'analogie generale $GH . GI :: 3bbc — c^3 + 3hcc . \overline{bb — cc + 2hc} \sqrt{\overline{bb — cc + 2hc}} — b^3$ se changera en celle-ci $GH . GI :: 3ac — cc . \overline{2a — c} \sqrt{2ac — cc} :: 3FT^2 + TE^2 \times TE , 2FT^3$.

VI.

Si outre cela on suppose $c = a$, ce qui fait que l'arc ACF devient le quart de cercle ECK; on aura $GH . GI :: 2aa . aa :: 2 . 1$, c'est à dire que le sinus de l'angle HGL, que fait la ligne de la force mouvante avec la ligne de la route, est la moitié du sinus de son complement. On trouve par le moyen des tables des sinus que cet angle HGL doit être à peu prés de 26. degr. 34. min.

VII.

Remarquez que comme CV est le sinus de l'arc EC ou de l'angle ESC, qui est égal à l'angle d'incidence Cce; de même AR & FT sont les sinus des angles d'incidence, sous lesquels l'eau frappe les deux extremités A & F de l'arc AF, ou ce qui est la même chose, ce sont les sinus des angles, que fait la ligne de la route avec les deux tangentes aux deux extremités de l'arc AF: Et TR est

TR eſt la difference des ſinus des com‐
plemens de ces mêmes angles.

VIII.

On peut donc enoncer en forme de theoréme la raiſon des deux reſiſtances laterales, diſant que *la reſiſtance que l'arc donné A C F ſouffre ſuivant la direction pa‐ rallele à ſa route, eſt à la reſiſtance qui eſt imprimée au même arc dans la direction per‐ pendiculaire à ſa route ; Comme le ſolide fait par la difference ou par la ſomme des ſinus des complemens des deux angles d'incidence aux deux extremités de l'arc & la ſomme du quarré de cette même difference jointe au tri‐ ple des quarrés des ſinus de ces angles d'in‐ cidence, eſt au double de la difference des cu‐ bes de ces mêmes ſinus.* Deſorte que la ligne de la route étant donnée, il ne ſe‐ ra pas difficile par le moyen des tables des ſinus de determiner la ligne de la force mouvante. Car les deux côtés du rectangle H I proportionnés ſuivant le theoréme, determineront la ſituation de la diagonale L G, dont la prolonga‐ tion donne la ligne de la force mou‐ vante.

IX.

Pour ce qui eſt de la raiſon des viteſ‐ ſes, avec leſquelles l'arc A C F peut être

                    mû

mû en diverses routes par une même
force mouvante : On la determine aussi
par le moyen des rectangles H I ; Car
soit u la vitesse pour une route, & v la
vitesse pour une autre route. Soient aussi G H & G I les deux côtés du rectangle pour la premiere, & G h & G i les
deux côtés pour l'autre route : Il est
clair par l'art. 3. du Chap. I. que les resistances laterales pour la premiere route s'exprimeront par $uu \times$ G H & $uu \times$
G I, & par consequent la resistance moyenne par $uu \times$ G L, & qu'ainsi la resistance moyenne pour la seconde route
s'exprimera aussi par $vv \times$ G l. Or puisque la force mouvante est supposée la
même, il faut que les resistances moyennes dans les deux cas soient égales,
c'est-à-dire $uu \times$ G L $=vv \times$ G l, partant
$uu \,.\, vv :: $ G $l\,.$ G L $:: \frac{1}{GL} \cdot \frac{1}{Gl}$. D'où l'on
voit, que le quarré de la vitesse est en
raison reciproque de G L determinée par
le theoréme précedent.

X.

Aprés ce que je viens de demontrer
touchant la resistance moyenne imprimée sur un arc de cercle mû dans l'eau
d'un mouvement parallele ; il ne sera
pas difficile d'en faire l'application à des

figures

figures terminées par plusieurs arcs circulaires, dont quelques-uns exposés au
fil de l'eau reçoivent toute sa resistance;
pendant que les autres à l'abri des premiers n'en ressentent aucune : Car comme dans les figures rectilignes, les resistances imprimées sur les côtés donnent
par leur composition la resistance moyenne & sa direction, de même les resistances contre les arcs circulaires determinées chacune separément, donnent
la resistance moyenne & sa direction ou
la position de la ligne de la force mouvante.

CHAPITRE X.

Application de ce qui a été expliqué dans le Chap. préced. à un Vaisseau qui a la figure de deux segmens circulaires sur une corde commune.

I.

REtournons maintenant à l'exemple proposé dans l'article premier du Chapitre précedent, où H P M Q est la figure d'un vaisseau, composée de deux segmens égaux H P M & H Q M pris d'un même cercle, sur une corde commune H M, qui représente la quille du vais-

Fig. IV.

F 2

feau :

feau : P Q eft la ligne de la plus grande
largeur paffant par le centre du vaiffeau
B , & divifant également à angles droits
la ligne H M : B L eft la ligne de la route ; B G la ligne de la force mouvante,
& fa perpendiculaire D C celle de la
voile.

I I.

Il eft queftion de determiner les pofitions mutuelles des lignes de la route
B L , & de la force mouvante B G.   Il y
a deux cas principaux dont on doit confiderer chacun feparément : car l'angle
L B M eft ou plus grand , ou plus petit que l'angle mixtiligne P H B , qui
eft la moitié de l'angle de la pointe du
vaiffeau : il eft vrai qu'il y a un troifiéme cas, auquel l'angle L B M eft égal à
l'angle P H B ou à P M B ; mais celui-ci
n'eft qu'un corollaire du premier, dont
voici la folution.

III.

Soit S le centre de l'arc M P H , par
lequel foit tiré la ligne E S T perpendiculaire fur la ligne de la route L B, qu'elle rencontre en N, & fes paralleles F H R,
K M T en R & T ; comme auffi l'arc
continué M P H au point E : fuppofé
préfentement que l'angle L B M eft donné,

né, l'angle F H B qui lui eſt égal & ſon complement à deux droits K M B feront auſſi donnés, mais les angles invariables P H B & P M B le ſont auſſi ; òtant donc ce dernier de ceux-là, il reſtera les angles F H P & K M P, qui ſont les angles d'incidence de l'eau ſur les deux extremités H & M de l'arc H P M, leſquels feront pareillement donnés, & partant auſſi leurs ſinus H R & M T ; de même que T R difference des ſinus de leurs complemens. C'eſt pourquoi prenez ſur N T la partie N O, qui ſoit à B N comme $2\,M T^3 - 2\,H R^3$ à $T R \times T R^2 + 3\,M T^2 + 3\,H R^2$; & menez par B la ligne O B G, qui ſera par l'art. 4. ou par le Theoréme de l'art. 8. du Chapit. précedent la ligne de la force mouvante.

I V.

Mais ſi l'on ſuppoſe l'angle G B M donné, & qu'il s'agiſſe de trouver l'angle L B M ; il faudra faire le calcul, en mettant une lettre pour le ſinus de l'angle inconnu L B M, & la traitant enſuite comme connuë, pour arriver à la ſituation de la ligne B O, c'eſt-à-dire, à la determination de l'angle H B O, qui doit être égal à l'angle donné G B M, d'où il reſultera une équation pour la determi-

F 3

nation

nation de l'angle de la dérive L B M,
mais ce calcul eſt trop prolixe, & l'é-
quation trop compoſée pour être de
quelque uſage dans la pratique.

V.

Deſorte qu'il vaut mieux faire des
tables, en ſuppoſant l'angle L B M donné, & d'abord le plus grand qu'il eſt poſſible, c'eſt-à-dire de 90. degrés; & puis
en le diminuant de degré en degré, de
deux en deux, ou de trois en trois &c.
ſelon qu'on ſouhaitera de le connoître
plus ou moins exactement, juſqu'à ce
que l'angle L B M devienne égal à l'angle P H M, ou que la ligne B L devienne parallele à la tangente de l'arc H P M
au point H : De cette maniere on trouvera pour chaque angle L B M, celui de
G B M qui lui répond, & ſon complement M B C que fait la voile avec la
quille, que l'on écrira dans les tables à
coté du nombre des degrés de l'angle
L B M ; Ces tables ſerviront enſuite à
determiner indifferemment la ligne de
la route par celle de la force mouvante
ou par celle de la voile, & reciproquement la ligne de la voile par les précedentes, & cela par la ſimple inſpection
des tables ſans aucun autre calcul, à
moins

moins que le nombre defiré ne tombe entre deux termes , auquel cas il faut établir une regle de proportion pour une plus grande précifion , conformement à ce qu'on obferve ordinairement dans l'ufage de ces fortes de tables.

V I.

Un exemple facilitera l'intelligence de ce que nous venons de dire touchant la conftruction de cette table.   Je donne 30. degrés à l'angle de la pointe du Vaiffeau P M Q ou P H Q , & par confequent 15. degrés à l'angle P M B ou P H B, ce qui fait que l'arc H P M ou H Q M eft auffi de 30. degrés & partant la douziéme partie de toute la circonference. Je fuppofe par exemple que l'angle L B M eft de 20. degrés ; l'angle d'incidence F H P fera donc de 5. degrés & l'angle T M P de 35. degrés.   Ainfi en faifant S P ou le finus total $=$ 100000, on aura

le

le finus de 5. degr. ou H R - - $=$ 8715

fon quarré - - - - - $=$ 75951225

fon cube - - - - $=$ 6619149 25 875

le finus du compl. ou S R - - $=$ 99619

le finus de 35. degr. ou M T - $=$ 57357

fon quarré - - - - $=$ 3289825449

fon cube - - $=$ 18869451827 8293

le finus du compl. ou S T - - $=$ 81915

SR — S T ou T R - - - - $=$ 17704

fon quarré - - - - - $=$ 313431616

Cela donne $TR \times TR^2 + 3MT^2 + 3HR^2 = 17704 \times 10410761638 = 184312124039152$; & $2MT^3 — 2HR^3 = 376065206704836$: on a donc BN. NO :: 184312124039152 . 376065206704836 :: (divifant chaque terme par 4) 46078031009788 . 94016301676209 ; Or BN eft à NO comme le finus total eft à la tangente de l'angle NBO ; & ainfi faifant 46078031009788 . 94016301676209 :: 100000 . 204037, ce quatriéme terme fera la tangente de l'angle NBO ou de GBL, lequel fera par confequent de 63. degrés 53. min. L'angle GBM fera donc de 83. degrés 53. min. & fon complement MBC que fait la ligne de la voile avec la quille fera de 6. degr. 7. min. Ainfi dans la table des nombres des de-

grés

grés qui marquent l'angle M B L ou la quantité de la dérive, on écrira à côté du 20e degré ce qu'on a trouvé pour l'angle G B M , ſçavoir 83. degr. 53. min. & pour l'angle M B C de la voile & de la quille, 6. degrés 7. minutes.

VII.

On fera la même operation pour toutes les autres ſuppoſitions de l'angle L B M depuis le 90me degré juſqu'au 15me degré , auquel cas la ligne de la route B L devient parallele à la tangente de l'arc de cercle H P M au point H : ce qui facilite beaucoup le calcul, parce que l'angle d'incidence F H P ſe changeant en angle d'attouchement fait evanouir ſon ſinus H R , & que l'autre angle d'incidence P M T eſt de 30. degrés dont le ſinus eſt la moitié du ſinus total, tel eſt donc le calcul de ce cas particulier :

SP ou le ſinus total - - $=$ 100000
Le ſinus de 0. degr. ou H R - - - $=$ 0
ſon quarré $=$ 0, ſon cube $=$ 0
Le ſinus de ſon compl. ou SR $=$ 100000
Le ſinus de 30. degr. ou MT - $=$ 50000
ſon quarré - - - - $=$ 2500000000
ſon cube - - - $=$ 125000000000000
Le ſinus de ſon compl. ou ST $=$ 86602
SR — ST, ou TR - - - - $=$ 13398
ſon quarré - - - - - $=$ 179506404

Ce

Ce qui donne TR x TR² + 3 M T² + +
3 HR² = 13398 x 7679506404 =
102890026800792, 2 M T³ — 2 HR³ =
25000000000000 ; il faut donc faire
comme ci-deſſus 102890026800792 .
25000000000000, ou (diviſant chaque
terme par 8) 12861253350099 .
3125000000000 :: 100000 . 242978 =
à la tangente de l'angle N B O ou GBL,
que l'on trouve de 67. degr. 38. min. à
quoi ſi on ajoûte 15. degr. on a l'angle
G B M de 82. degr. 38. min. & ſon complement, l'angle MBC de 7. degr. 22. min.

VIII.

Enfin ſi l'on ſuppoſe l'angle LBM
plus petit que l'angle PHB, ce qui fait
le ſecond cas, que nous devons réſoudre : Outre les lignes que l'on a tirées
dans la Fig. préced. & que l'on ſuppoſe
Fig. XV. auſſi dans celle-ci, concevons deux paralleles à la ligne de la route, E X & Z V,
qui touchent les deux côtés du Vaiſſeau,
l'une en E & l'autre en Z. Soit de plus
A S une ligne droite qui joint les deux
centres A & S des deux arcs HQM &
MPH, & ſoit tirée A Z, qui ſera parallele à S E. On voit qu'au lieu que dans
le cas précedent tout le côté HPM étoit
expoſé à la reſiſtance de l'eau, pendant
que

que tout le côté oppofé H Q M qu'il mettoit à couvert, n'en recevoit aucune impreffion ; dans ce cas au contraire la partie H E du côté anterieur H P M comprife entre l'extremité H du Vaiffeau & le point d'attouchement E demeurant à couvert ne reçoit aucune impreffion, pendant qu'une partie femblable & égale M Z du côté oppofé H Q M comprife entre l'extremité M du Vaiffeau & le point d'attouchement Z, fe découvrant donne prife à l'action de l'eau. Il eft vifible que ces parties H E & M Z augmentent à mefure que l'angle de la dérive L B M diminuë, jufqu'a ce que cet angle s'évanouiffant entierement, & les points E & Z fe confondant avec P & Q, les parties expofées à la refiftance, & celles qui demeurent cachées fe partagent également, par une ligne perpendiculaire à la quille du Vaiffeau, les unes faifant la moitié du vaiffeau qui forme la prouë P M Q, & les autres la moitié oppofée du Vaiffeau P H Q à qui l'on a donné le nom de pouppe ; ce qui arrive lorfque le Vaiffeau avance directement de pointe.

IX.

Pour determiner donc la ligne de la
force

force mouvante BG, celle de la route
BL étant donnée, il s'agit de trouver la
raison de BN à NO, c'est-à-dire, celle
qui est entre les forces laterales totales
de la resiftance, dont l'une est parallele
& l'autre perpendiculaire à la route;
mais je remarque, que celle qui est parallele est égale à la somme de deux autres paralleles totales, & que celle qui
est perpendiculaire est égale à la difference de deux autres perpendiculaires,
qui proviennent de la resiftance de l'eau
contre les deux arcs MPE & MZ. Or
la raison pour laquelle il faut prendre la
somme des unes, & la difference des autres, consiste en ce que les deux forces
laterales paralleles de l'un & de l'autre
de ces arcs ont une même tendance suivant BN, & s'aidant ainsi mutuellement
elles doivent être prises ensemble; mais
les deux forces laterales perpendiculaires ont des tendances opposées, l'une
qui vient de l'arc ME laquelle tend à
agir suivant ES, & l'autre qui vient de
l'arc MC suivant ZA; sçavoir dans un
sens opposé à la précedente: De-là
vient qu'il faut prendre la difference ou
l'excés des forces perpendiculaires totales, dont celle qui provient de l'arc EM
surpasse l'autre qui vient de l'arc MZ.
Ainsi

Ainſi B N doit être à N O comme la ſomme des deux forces paralleles, à la difference des deux perpendiculaires.

X.

Il s'agit donc de determiner ces forces-là. Or je vois que les deux arcs M P E & M Z ſont dans le cas de l'art. 5. du Chapit. IX. chacun de ces arcs étant friſé par le cours de l'eau, l'un au point E, & l'autre au point Z; Et M T eſt le ſinus de l'arc E P M, ou de l'angle d'incidence E M T ſur l'extremité de cet arc; de même que Mt ($=$ H R) eſt le ſinus de l'arc M Z ($=$ H E) ou de l'angle d'incidence ZMt ſur l'extremité de cet arc. Telle eſt la raiſon pour laquelle T E x T E^2 $+$ 3 M T^2, & tZ x tZ^2 $+$ 3 Mt^2, ou R E x R E^2 $+$ 3 H R^2 expriment les deux reſiſtances paralleles, qui viennent des arcs M E & M Z : Et 2 M T^3 & 2 M t^3 ou 2 H R^3 expriment les deux reſiſtances perpendiculaires, qui viennent de ces mêmes arcs.

X I.

Soit donc fait en conſequence de nôtre raiſonnement B N . N O :: T E x T E^2 $+$ 3 M T^2 $+$ R E x R E^2 $+$ 3 H R^2 . 2 M T^3 $-$ 2 H R^3 : Et ſoit tirée la ligne O B; O B ſera la ligne de la reſiſtance moyenne, &

sa prolongation B G, marquera la ligne
de la force mouvante.

XII.

Un exemple de ce second cas fera voir
l'application de la regle : Je suppose le
même Vaisseau dont l'angle de la pointe
PMQ est de 30. degrés. Mais soit l'angle de la dérive L B M (F H B $=$ T M B)
plus petit que P H B : Donnons lui par
exemple 10. degrés, d'où il suit que l'angle d'incidence T M E ou l'arc E M qui
en est la mesure, aura 25. degr. Et l'arc
M Z ou A E, 5. degr.

Le sinus total - - - - - - - $=$ 100000
Le sinus de 5. degr. ou H R - - $=$ 8715
son quarré - - - - - - $=$ 75951225
son cube - - - - $=$ 661914925875
Le sinus versus R E - - - - $=$ 381
son quarré - - - - - - $=$ 145161
Le sinus de 25. degr. ou M T $=$ 42261
son quarré - - - - $=$ 1785992121
son cube - - - $=$ 75477813025581
Le sinus versus T E - - - - $=$ 9370
son quarré - - - - - - $=$ 87796900

Ceci connû on aura $TE \times TE^2 + 3MT^2
+ RE \times RE^2 + 3HR^2 = 9370 \times
5445773263 \ (51026895474310) + 381
\times 227998836 \ (86867556516) =$

5III▪

$51113763030826 ; 2MT^3 - 2HR^3 = 14963179619941 2.$ Que si l'on fait l'analogie 51113763030826 . $14963179619941 2$ $(:: BN . NO) ::$ $100000 . 792743$, ce quatriéme nombre sera la tangente de l'angle NBO ou GBL, qui aura par conséquent 71. degrés 8. min. lequel étant augmenté de 10. degr. donne l'angle GBM de 81. degrés 8. minutes, dont le complement MBC, qui est l'angle que fait la ligne de la quille avec celle de la voile, est de 8. degrés 52. minutes.

CHAPITRE XI.

Avis touchant la construction des tables pour la determination de la route, de la situation de la quille, & de la vitesse du Vaisseau en forme de segmens combinés. Méprise de feu Mr. Huguens.

I.

ON voit assez par tout ce que je viens d'expliquer, la maniere dont on peut construire des tables propres à determiner les situations de la voile & de la quille, quand la quantité de la dérive est donnée, & par lesquelles on trouveroit reciproquement la route &

l'angle

l'angle de la dérive, la situation de la quille & de la voile étant donnée. Ces tables deviendroient encore d'une plus grande utilité, fi à ce que nous venons de dire on ajoûtoit la fupputation des viteſſes, qui répondent à chaque quantité de dérive, & dont les quarrés (par l'art. 9. du Chap. IX.) font reciproquement proportionels à la diagonale du rectangle, dont les côtés expriment les forces laterales de la refiſtance, c'eſt à dire que uu eſt ici $= \frac{1}{A}$ pour le premier cas, & $= \frac{1}{B}$ pour le fecond cas ; je fuppofe $A = \sqrt{TR \times \overline{TR^2 + 3MT^2 + 3HR^2}|^2 + \overline{2MT^3 - 2HR^3}|^2}$, & $B = \sqrt{TE \times \overline{TE^2 + 3MT + RE \times RE + 3HR^2}|^2 + \overline{2MT^3 - 2HR^3}|^2}$. Je fçai que ce calcul deviendroit penible, mais un habile calculateur trouvera par fon induſtrie des moyens d'en abreger la prolixité.

II.

La commodité qu'on retireroit de ces tables récompenſeroit largement de toute la peine qu'on auroit euë à les compofer : Car on feroit en état non feulement de diriger le Vaiſſeau pour faire le plus avantageufement la route

qu'on

qu'on fe propofoit , mais auffi de réfoudre fur le champ les plus importantes
queftions, qu'on fait fur cette matiere,
comme par ex. la maniere de gagner le
plus au vent ; de trouver les plus avan-
tageufes fituations de la quille ou de la
voile, l'une ou l'autre étant donnée,
pour fuir le vent &c. On pourroit con-
ter d'autant plus fûrement fur ces tables, que le Vaiffeau auroit une figure
plus approchante de celle, qui eft compofée de deux fegmens circulaires, telle
que nous l'avons fuppofé ici. On ver-
roit combien s'éloigne de la verité la
regle que Mr. le Chevalier Renau éta-
blit pour determiner la dérive (fur laquelle eft batie toute fa Theorie) lorsqu'il prétend, que la tangente de l'angle que fait la ligne de la force mouvante avec la quille ; & la tangente de
l'angle de la dérive, obfervent conftamment une raifon donnée, (fans avoir
égard à la figure du Vaiffeau) & égale
à celle, qui eft entre la refiftance, que
le Vaiffeau trouve à fendre l'eau avec
fon côté, & la refiftance qu'il trouve à
la fendre avec fa pointe.

III.

Quand nous n'aurions d'autres preu-

ves,

ves, que celles que l'on peut tirer des
trois exemples que nous avons calculés, &
toûjours y en auroit-il aſſez, pour demontrer que la regle de Mr. Renau ne
pourroit pas ſubſiſter: En effet le premier donne l'angle de la ligne de la force mouvante & de la quille de 83. degr.
53. min. dont la tangente $= 933154$.
l'angle de la dérive de 20. degr. dont la
tangente - - - - - $= 36397$.
Le ſecond exemple donne pour l'angle
de la ligne de la force mouvante & de
la quille, 82. degr. 38. min. dont la tangente - - - - - - $= 773480$.
l'angle de la dérive 15. degr. dont la
tangente - - - - - $= 26794$.
Le troiſiéme exemple donne pour l'angle
que fait la ligne de la force mouvante
avec la quille 81. degr. 8. min. dont la
tangente - - - - - $= 641026$,
l'angle de la dérive 10. degr. dont la
tangente - - - - - $= 17632$.

IV.

Mais il s'en faut beaucoup, que ces
trois raiſons ne ſoient égales entre elles,
puiſque la premiere étant à peu prés
comme 26 à 1, la ſeconde comme 29 à
1, & la troiſiéme comme 36 à 1, pas
une de ces trois raiſons n'eſt comme la
reſiſtan-

reſiſtance que le Vaiſſeau trouve à fendre l'eau avec le coté à la reſiſtance
qu'il rencontre en la fendant avec ſa
pointe ; ce qui ſe verifiera encore ſi l'on
prend la peine de chercher la raiſon de
ces deux reſiſtances par le moyen de
nos deux analogies $BN . NO :: TR \times$
$TR^2 + 3MT^2 + 3HR^2 . 2MT^3 -$
$2HR^3 , BN . NO :: TE \times TE^2 + 3MT^2$
$+ RE \times RE^2 + 3HR^2 . 2MT^3 - 2HR^3 :$
Dans la premiere deſquelles ſi l'on ſuppoſe l'angle de la dérive de 90. degrés,
& dans la ſeconde ſi l'on ſuppoſe l'angle de la dérive de 0. degré ; il eſt manifeſte, que les deux premiers termes
$TR \times TR^2 + \&c.$ & $TE \times TE^2 + \&c.$
qui expriment les reſiſtances laterales
paralleles, exprimeront dans ces ſuppoſitions les reſiſtances moyennes elles-
mêmes, puiſque celles-ci ont leur direction parallele à la ligne de la route,
& que les laterales perpendiculaires ſont
nulles dans ce cas.

V.

Obſervons donc quelle proportion
regne entre $TR \times TR^2 + \&c.$ & $TE \times$
$TE^2 + \&c.$ dans les mêmes ſuppoſitions ; or on voit que LBM (v. la Fig.
XIV.) étant de 90. degr. TR deviendra

G 2 $= MH,$

$=$ M H, & M T, H R deviendront chacune $=$ B S; & partant T R x T R^2 $+$ 3 M T^2 $+$ 3 H R^2 se changera en M H x M H^2 $+$ 6 B S^2; on voit aussi que L B M (v. la Fig. XV.) étant de o. degré : T E & R E degenerent en B P; M T en M B, & H R en H B $=$ M B; ce qui fait T E x T E^2 $+$ 3 M T^2 $+$ R E x R E^2 $+$ 3 H R^2 $=$ 2 B P x B P^2 $+$ 3 M B^2; ainsi en comparant M H x M H^2 $+$ 6 B S^2, ou (à cause que M H $=$ 2 M B) 2 M B x 4 M B^2 $+$ 6 B S^2 avec 2 B P x B P^2 $+$ 3 M B^2, ou (à cause que 4 M B^2 $+$ 4 B S^2 $=$ 4 S P^2, & B P^2 $+$ M B^2 $=$ P M^2 $=$ 2 S P B) comparant M B x 2 S P^2 $+$ B S^2 avec B P x S P B $+$ M B^2; nous aurons la proportion entre les deux resistances contre le côté & la pointe; je mets donc S P ou le sinus total - - - - - - - - $=$ 100000

    M B sinus de l'arc M P de 15. degrés - - - - - - - - $=$ 25882

    S B sinus du complement $=$ 96593

    B P sinus versus du même $=$ 3407

Ce qui donne M B x 2 S P^2 $+$ B S^2. B P x S P B $+$ M B^2 :: 126520739061903 . 57383963 1178; mais le premier de ces nombres contient l'autre plus de 220. fois : La resistance que le Vaisseau souffre en fendant l'eau avec le côté, sera

donc

donc plus de 220. fois plus grande que celle qu'il rencontre en la fendant avec la pointe ; en sorte que la raison de ces deux resistances est encore plus de six fois plus grande que la raison de 36 à 1, qui est pourtant la plus grande raison de nos trois exemples entre la tangente de l'angle de la ligne de la force mouvante & de la ligne de la quille, & la tangente de l'angle de la dérive. Ce qui fait voir que la regle de Mr. Renau pour determiner la dérive, quelque vraisemblance qu'elle ait, n'est pas à beaucoup prés approchante d'une justesse passable; & que pour la bien determiner il faut necessairement recourir à la consideration de la figure du vaisseau, dont la diversité peut causer une si grande difference dans le rapport de la situation de la route, & de la ligne de la force mouvante, qu'il peut arriver, comme je l'ai prouvé ci - dessus pour la figure d'un parallelogramme rectangle, que la ligne de la route fasse avec la quille un plus grand angle , que ne fait la quille elle-même avec la ligne de la force mouvante, quoique cela semble hors de toute apparence.

G 3   VI. II

V I.

Il paroit que Mr. Huguens refutant
une des méprifes de Mr. Renau, touchant
la determination de la viteffe, n'a pas
remarqué la feconde méprife, où eft encore tombé Mr. Renau au fujet de la dérive, quoique d'une plus grande confequence : On voit même clairement,
qu'il lui a paffé cette erreur comme une
chofe veritable, dont il convient, en
voici trois preuves : 1°. Dans fa remarque fur le livre de Mr. le Chev. Renau
inferée dans la Bibliotheque univerfelle
du mois de Septemb. de l'Année 1693,
au 4. paragraphe, il ne fait confifter
toute la méprife de Mr. Renau que *dans*
ce qu'il veut, que le Vaiffeau foit parvenu de
B en L dans le même temps (v. fa Figure)
qu'il feroit parvenu de B en G; écrivant
ces mots *dans le même temps* en d'autres
lettres, pour faire remarquer, qu'il ne
lui conteftoit pas la pofition de la
route B L, mais feulement le temps ou
la viteffe pour parcourir B L. 2°. Au
dernier paragraphe de fa piece, où il
marque la raifon pourquoi la confide-
ration de la dérive apporte beaucoup
de difficulté à cette Theorie, il affirme,
que pour determiner la dérive, *il eft ne-*
ceffaire

cessaire d'avoir égard non seulement au plus
de difficulté que le Vaisseau a en fendant l'eau
avec le côté qu'avec sa pointe, ainsi qu'a fait
Mr. Renau, *mais encore à l'impulsion diffe-*
rente, que reçoit le corps du Vaisseau par le
vent, sur tout par les côtés : Tout comme
si en faisant abstraction de cette impulsion du vent sur le corps du Vaisseau,
l'unique & la veritable maniere de determiner la dérive étoit fondée sur la
raison des resistances de l'eau contre le
côté du Vaisseau & contre sa pointe,
sans aucun égard à sa figure, dont il ne
fait pas seulement mention. 3°. Dans
la replique qu'il publia à la reponse de
Mr. Renau, il dit sur la fin que *cette Theo-*
rie comme l'avoit donnée Mr. Renau seroit
vraie, si les resistances de l'eau étoient com-
me les vitesses du Vaisseau, au lieu qu'elles
sont comme les quarrés de ces vitesses ; Or
je prétens, qu'elle ne seroit pas plus
vraie dans une supposition que dans
l'autre, entends qu'elle regarde la quantité de la dérive : Car il est aisé de voir
que la consideration de la figure du
Vaisseau doit toûjours servir de fondement à la determination de cette quantité, quelque supposition qu'on fasse
pour le rapport entre les résistances &
les vitesses.

G 4

CHA-

CHAPITRE XII.

De l'endroit le plus commode pour planter le
Mât dans le Vaiſſeau, afin qu'il mette
la reſiſtance de l'eau en
équilibre.

I.

AVant que de finir ce diſcours il eſt
à propos d'avertir, que bien que
la ligne BG, telle que nous l'avons determinée par rapport à la ligne de la
route BL, marque la direction de la ligne de la force mouvante, ou l'angle
qu'elle doit faire avec la quille BM, on
ne ſçait pourtant pas encore de quel
point de la quille cette ligne doit partir,
ou en quel point B doit être arboré le
Mat, afin que la reſiſtance de l'eau contre le Vaiſſeau ſe partage ſi bien de côté
& d'autre de BG, qu'il y ait équilibre
entre ces deux parties de la reſiſtance,
& que l'une ne faſſe pas plus d'effort
que l'autre, pour tourner le Vaiſſeau au
tour du point B où eſt le mât, qui en
eſt comme le pivot.

II.

Je ſçai que ce point B ne peut pas être
fixe, & qu'il changera ſelon le changement

ment de la dérive, c'est pourquoi on
plante le màt environ dans le point du
milieu du vaisseau, afin qu'il soit à peu
prés également proche de tous les veri-
tables endroits où il le faudroit mettre
pour toutes les differentes dérives ; & le
peu d'effort que fait la resistance de l'eau
d'un côté plus que de l'autre, & qui feroit tournoyer le Vaisseau au tour de B,
peut être aisément contrebalancé par la
direction du gouvernail pour empêcher
que le parallelisme du mouvement de la
quille H M ne soit troublé. Il est pourtant aussi vrai, que plus cet excés d'effort que le gouvernail doit détruire est
grand, plus il y a de force perduë dans
celle qui fait avancer le Vaisseau, & par
consequent la vitesse en sera plus retar-
dée : Car il est visible, que l'effort de la
resistance étant balancé contre le mat, le
gouvernail pourra demeurer dans l'inac-
tion, c'est-à-dire, dans une situation
parallele à la ligne de la route, pendant
que le Vaisseau gardera toûjours le parallelisme de son mouvement, ensorte
que la force du vent n'ayant pas à vain-
cre la resistance du gouvernail, elle sera
employée toute entiere à faire avancer
le vaisseau.

G 5   III. Aus-

III.

Aussi ne sera-t-il pas tout à fait inutile, de demontrer ici une maniere de determiner pour chaque route *l'axe de la resistance moyenne* (j'appelle ainsi la ligne BG, qui met en équilibre la resistance de part & d'autre) & partant le point où doit être placé le mat, qui sera celui où cet axe coupe la ligne de la quille. Je m'étonne que ni Mr. Renau ni Mr. Huguens n'ayent point songé à cette question, qui paroît pourtant assez essentielle à la Theorie de la Manœuvre des Vaisseaux.

IV.

Fig. XVI. Soit comme dans la Fig. XII. ACF un arc d'une courbe quelconque mû dans l'eau suivant la direction AM; AG perpendiculaire à AM, sur laquelle sont prises les abscisses AB, qui répondent aux ordonnées BC paralleles à AM. Nous avons demontré que chaque element ou differentielle de la courbe Cc est poussé par la resistance suivant la perpendiculaire CD avec une force proportionelle à $\frac{dx^2}{dt}$, laquelle étant decomposée en deux forces laterales, donne pour la parallele à AM suivant CB,

$$dx^3$$

$\frac{d\,x^3}{d\,t^2}$, & pour la perpendiculaire fuivant CO, $\frac{d\,x^2\,dy}{d\,t^2}$. Ainfi confiderant les forces paralleles fuivant C B comme appliquées aux points B, & les forces perpendiculaires fuivant C c, aux points Q : Nous aurons une efpece de levier GAZ à deux bras G A & Z A qui font un angle droit G A C, & qui font chargés dans tous leurs points B & Q, des forces proportionelles à $\frac{d\,x^3}{d\,t^2}$ & $\frac{d\,x^2\,dy}{d\,t^2}$, lefquelles agiffent perpendiculairement les unes fur A B, & les autres fur A Z.

V.

Ou fi on aime mieux on pourra prendre GAZ comme deux lignes inflexibles en forme d'équerre, & pefantes, dont les poids élementaires aux points B & Q obfervent la même proportion, fçavoir de $\frac{d\,x^3}{d\,t^2}$ & de $\frac{d\,x^2\,dy}{d\,t^2}$.

V I.

De quelque maniere que l'on confidere donc la chofe, il eft clair, que fi au centre de force ou de pefanteur R de la ligne A G on applique la ligne K R, cette ligne deviendra l'axe de l'équilibre de toutes les forces, qui agiffent fur A B,

ou

ou de toutes celles qui agiſſent ſuivant
la même direction ſur l'arc A C F ; c'eſt
à dire que K R eſt l'axe des forces laterales paralleles, qui les balance également-
ment, ou qui les ſoutient en équilibre.
Par la même raiſon T X appliquée au
centre de force ou de peſanteur de la
ligne A Z, ſera l'axe des forces laterales
perpendiculaires, qui les met en équilibre.

VII.

Le point S où ſe rencontrent ces deux
axes d'équilibre, ſera donc le centre où
ſe reüniſſent toutes les forces tant paralleles que perpendiculaires, c'eſt-à-dire,
toute la reſiſtance que l'eau fait à l'arc
A C F ; Ainſi la ligne droite N V qui
paſſe par ce centre S & qui eſt parallele
à la ligne de la force mouvante L G,
dont nous avons ci - deſſus determiné la
direction, ſera l'axe de la reſiſtance moyenne ; qui aura cette qualité, que ſi au
point S ou dans un autre point de la ligne N S V on attache une corde infiniment longue, pour trainer ſuivant la direction S V le plan A G F terminé par
l'arc A C F, que je ſuppoſe être ſeul expoſé à l'action de la reſiſtance, le mouvement ſe fera ſuivant la direction S K

non

non obſtant la direction S V de la force qui traine ; & la reſiſtance contre l'arc A P ſera contrebalancée par la reſiſtance contre l'arc F P.

VIII.

Ou ſi ſuppoſant le plan A G F en re-pos & attaché à la corde S V d'une lon-gueur quelconque , un torrent heurte continuellement contre l'arc A C F ſui-vant la direction K S ou Z A ; je dis que non ſeulement le plan A G F ne pourra pas être entrainé , mais auſſi qu'il ne pourra pas être tourné au tour du point, où eſt attaché la corde, à cauſe de l'é-quilibre, qui ſe fait entre les deux par-ties de l'action de l'eau ſur les deux arcs A P & F P ; enſorte qu'il demeurera ſuſ-pendu comme immobile, & bandera la corde de toute la force que le torrent peut imprimer à l'arc A C F ; & que ſi la corde venoit à ſe rompre, le plan A G F commenceroit dans le premier moment à deſcendre non point ſuivant la direc-tion du torrent S R, mais ſuivant S N, quoi qu'il ſoit vrai, que ce mouvement oblique s'accommoderoit dans la ſuite peu à peu au mouvement de l'eau, à meſure que le plan entrainé par le tor-

rent

rent feroit enfin parvenu à une viteſſe
égale à celle du torrent.

IX.

Ce font là des raiſonnemens, qu'on
pourroit aiſément verifier par l'Experience, qui ne manqueroit pas, a coup
ſûr, de decider en faveur de ma methode
d'expliquer la nature de la dérive, & de
determiner les lignes de la route & de la
force mouvante l'une par l'autre, comme auſſi l'axe de la reſiſtance moyenne.

CHAPITRE XIII.

*De l'axe & du centre de la reſiſtance moyen-
ne de l'eau, determinés par une Conſtruction Geometrique.*

I.

J'Ai fait voir que pour determiner l'axe
de la reſiſtance moyenne, il s'agit de
trouver les centres de gravité R & T,
des deux lignes A G & A Z peſantes,
dont les elemens de peſanteur ſoient re-
ſpectivement comme $\frac{d x^3}{d t^2}$ & $\frac{d x^2 d y}{d t^2}$. Or
par les principes de la Statique on trou-
ve le centre de gravité de pluſieurs poids
en ligne droite, en diviſant la ſomme des
moments de ces poids par la ſomme des
poids

poids mêmes; par le moment on entend le produit d'un poids par fa diftance à un point fixe, que l'on prend pour le point d'appui ou pour le centre du mouvement. Ainfi prenant A pour ce point, on aura le moment de toute la ligne AG (compofée d'une infinité de poids) $= \int \frac{x\,dx3}{dt^2}$, bien entendu qu'on fuppofe x devenir $= AG = c$: La fomme des poids eft $\int \frac{dx3}{dt^2}$; donc $AR = \int \frac{x\,dx3}{dt^2}$ divifé par $\int \frac{dx3}{dt^2}$; Il en eft de même de AT qui fe trouvera $= \int \frac{y\,dx^2\,dy}{dt^2}$ divifé par $\int \frac{dx^2\,dy}{dt^2}$.

I I.

Si ACF eft un arc de cercle ces valeurs de AR & de AT deviennent encore fort à propos integrables, & peuvent par confequent fe conftruire par la Geometrie ordinaire. Car tranfportant à la Figure XVI. les lettres algebraïques de l'art. 4. du Chapit. IX. on aura $\frac{x\,dx3}{dt^2} = \frac{bbx - x3 + 2bxx}{aa}\,dx$, dont l'integrale $= \frac{\frac{1}{2}bb x^2 - \frac{1}{4}x^4 + \frac{2}{3}bx3}{aa}$, & comme $\int \frac{dx3}{dt^2}$ a été

trou-

trouvé $= \dfrac{bbx - \frac{1}{3}x3 + hxx}{aa}$, par la subſtitu-

tion il viendra $AR = \dfrac{\frac{1}{2}bbxx - \frac{1}{4}x4 + \frac{2}{3}hx3}{bvx - \frac{1}{3}x3 + hxx}$

$= \dfrac{6bbx - 3x3 + 8hxx}{12bb - 4xx + 12hx}$. De plus on aura

$\dfrac{y\,dx^2\,dy}{dt^2} = -b + \sqrt{bv - xx + 2hx}$ mul-

tiplié par $\dfrac{h - \lambda\sqrt{bb - xx + 2hx}}{aa}\,dx$, ce qui

produit

$$\dfrac{-bb + bx\sqrt{bb - xx + 2hx} + hbb - 3hxx + 2hhx - bbx + x3}{aa}\,dx,$$

dont l'integrale $=$

$$\dfrac{-\frac{1}{3}bx\,\overline{bb - xx + hx}^{\frac{3}{2}} + bbbx - hx3 + hhxx - \frac{1}{2}bbxx + \frac{1}{4}x4}{aa}.$$

mais cette quantité par la ſuppoſition

de $x = 0$, devient $\dfrac{-\frac{1}{3}b^4}{aa}$; ce qu'il faut

joindre ſous le ſigne contraire à l'inte-

grale trouvée pour la faire évanoüir dans

le cas de $x = 0$; ainſi nous aurons $\displaystyle\int \dfrac{y\,dx^2\,dy}{dt^2} =$

$$\dfrac{-\frac{1}{3}bx\,\overline{bb - xx + 2hx}^{\frac{3}{2}} + hbbx - hx3 + hhxx - \frac{1}{2}bbxx + \frac{1}{4}x4 + \frac{1}{3}b4}{aa}$$

& puiſque $\displaystyle\int \dfrac{d x^2\,dy}{dt^2}$ a été trouvé $=$

$$\dfrac{\frac{1}{3}x\,\overline{bb - xx + 2hx}^{\frac{3}{2}} - \frac{1}{3}b3}{aa} ;$$ en ſubſtituant

on aura $AT =$

$$\dfrac{-\frac{1}{3}bx\,\overline{bb - xx + 2hx}^{\frac{3}{2}} + hbbx - hx3 + hhxx - \frac{1}{2}bbxx + \frac{1}{4}x4 + \frac{1}{3}b4}{\frac{1}{3}x\,\overline{bb - xx + 2hx}^{\frac{3}{2}} - \frac{1}{3}b3}.$$

III. Ayant

III.

Ayant ainſi determiné A R & A T, on aura S le centre de la reſiſtance moyenne, comme auſſi la poſition de S V parallele à L G, qui ſera l'axe de l'équilibre de la reſiſtance : mais je ne m'arrête pas à chercher par une operation geometrique la conſtruction de ces deux lignes A R & A T exprimées analytiquement ; elle deviendroit trop penible, & je la neglige avec d'autant plus de raiſon que j'enſeignerai une autre conſtruction beaucoup plus courte & plus ſimple, tirée de la conſideration particuliere des forces, qui tendent toutes vers un point donné, aprés que j'aurai fait remarquer les cas les plus faciles, qui ſuivent de ces expreſſions analytiques : ſi $b = 0$, c'eſt-à-dire, ſi l'eau friſe l'extremité A, & partant ſi $b = a$; alors A R ſera $= \dfrac{-3xx + 8ax}{-4x + 12a}$, ou (mettant c pour x)

$$\dfrac{-3cc + 8ac}{-4c + 12a}, \quad \& \quad AT = \dfrac{-3ax^3 + 3aaxx + \frac{3}{4}x^4}{-xx + 2ax\frac{3}{2}}$$

ou $\dfrac{-3ac^3 + 3aacc + \frac{3}{4}c^4}{-cc + 2ac\frac{3}{2}} = \frac{3}{4}\sqrt{2ac - cc}$

$= \frac{3}{4}$ G F.

IV.

Ce qui donne occaſion à la conſtruc-

H

tion

Fig. XVII. tion suivante : Soit donné un arc de cercle quelconque APF mû dans l'eau suivant la tangente AT ; N est le centre de cet arc ; NA le rayon au point d'attouchement ; FG perpendiculaire sur NA ; AE diametre du demicercle AFE ; Prolongez AE en Y, en sorte que EY $=$ au rayon : Prenez NR $=$ aux trois quarts de la troisiéme proportionelle de YG à EG : Elevez la perpendiculaire RS & la faites $=$ aux trois quarts de GF ; Tirez enfin NS ; je dis que le point S sera le centre de la resistance moyenne, & NS l'axe de l'équilibre de la resistance moyenne.

DEMONSTRATION.

Car (nommant comme dans l'analyse AN ou NE $= a = $ EY, & AG $= c$) on aura YG $(3a - c)$. EG $(2a - c)$.

$$\frac{4aa - 4ac + cc}{3a - c},$$ dont les trois quarts

$$\frac{12aa - 12ac + 3cc}{12a - 4c} = $$ (par constr.) NR ;

par conséquent AR (AN — NR) $=$

$$\frac{8ac - 3cc}{12a - 4c},$$ & AT (RS) est (par constr.)

$= \frac{3}{4}$ GF : donc le point S est le centre de la resistance moyenne : ce qu'il falloit demontrer en premier lieu.   De plus RS . RN :: (par construct.) $\frac{1}{4}$ GF ou

$$\frac{3}{4} \sqrt{2ac}$$

$$\tfrac{3}{4}\sqrt{\overline{2\,ac-cc}}\cdot\frac{12\,aa-12\,ac+3cc}{12\,a-4c} :: \text{ (en di-}$$

visant par $\sqrt{\overline{2\,a-c}}$) $\sqrt{c}\cdot\dfrac{\overline{2\,a-c}\sqrt{\overline{2\,a-c}}}{3\,a-c} :: $

(multipl. par $\overline{3\,a-c}\sqrt{c}$) $3\,ac-cc\,.$

$\overline{2\,a-c}\sqrt{\overline{2\,ac-cc}} :: $ (par l'art. 5. du Chapitre IX.) G H . G I ou H L ; donc N S
eſt parallele à L G, donc auſſi N S eſt
l'axe de l'équilibre de la reſiſtance moyenne : ce qu'il falloit demontrer en ſecond lieu.

V.

Mais ſans faire aucun calcul analytique, la conſideration de la preſſion du
fluide ſur un arc de cercle mû ſuivant
une direction AT quelconque, ſoit qu'elle touche l'arc A F, ou qu'elle le coupe,
fournit une conſtruction trés - facile &
trés - ſimple ; Car comme cette preſſion
de la reſiſtance eſt compoſée d'une infinité de forces appliquées ſur les élemens
de cet arc , leſquelles forces tendent
toutes vers un point commun N , qui
en eſt le centre , & où elles ſe reüniſſent,
deſorte que l'axe de l'équilibre paſſe
auſſi neceſſairement par le même point :
Et comme il eſt outre cela parallele à
G L ; on voit que pour la décrire dans
la figure du vaiſſeau pour le premier des

H 2

deux

deux cas exprimés dans l'art. 2. du Chapit. X. il ne faut que tirer par le centre S (v. Fig. XIV.) une parallele à la ligne de la force mouvante B G, cette parallele sera l'axe de l'équilibre de la resistance, & le point où elle coupe la ligne de la quille H M, sera le veritable endroit, où il faudroit arborer le Mât, au moins pour la dérive L B M.

V I.

Quant à l'autre cas, il faut tirer separément par le centre S (v. Fig. XV.) l'axe de l'équilibre de la resistance contre l'arc M E, & puis on tirera aussi par le centre A l'axe de l'équilibre de la resistance contre l'arc M Z ; Il est manifeste, que l'intersection de ces deux axes sera le centre de toute la resistance moyenne, c'est pourquoi la ligne, menée par ce point parallele à B G, sera l'axe commun de l'équilibre, & par consequent où il rencontre la ligne de la quille, ce sera l'endroit du mat.

V I I.

Or comme on voit aisément que dans l'un & l'autre de ces cas ce point de concours se trouve toûjours entre B & M, plus ou moins éloigné de B selon les differentes dérives, ou selon les differen-

tes

tes pofitions de la voile, & de la quille;
Il eft évident, que le mât devant être
planté dans un endroit fixe, on doit
choifir pour cela un point plus proche
de la prouë que de la pouppe, & qui
foit éloigné de B d'un éloignement moyen entre le plus petit éloignement qui
eft nul, & le plus grand : De cette maniere le parallelifme dans le mouvement
du vaiffeau fe confervera, fans que le
gouvernail ait befoin d'y contribuer
beaucoup, & par confequent fans qu'il
s'oppofe fenfiblement à l'effet de la force
du vent, c'eft-à-dire à la viteffe du
vaiffeau.

CHAPITRE XIV.

De la Courbure de la Voile.

I.

JE fis voir le premier dans le Journal
des Sçavans du mois d'Avril 1692, &
aprés moi feu mon Frere dans les Actes
de Leipfic au mois de May fuivant, que
la Courbure de la Voile doit être la même que la Chainette, fuppofé que le
vent donne obliquement dans la voile,
& qu'il ne s'arrête pas dans fa cavité,
car autrement la nature de la courbe

change

change, selon les diverses manieres dont la voile reçoit le vent, & selon qu'elle le retient ou qu'elle le laisse échapper plus ou moins librement.

I I.

Jusqu'ici nous avons supposé, que la Voile étoit une superficie plate, que le vent poussoit suivant une seule determination, qui lui est perpendiculaire ; mais une superficie courbe étant poussée par un même vent suivant autant de determinations differentes qu'il y a de differentes perpendiculaires à la courbe ; il est manifeste que nôtre Theorie seroit inutile pour la pratique, si toutes ces directions ou determinations des forces ne pouvoient pas être reduites à une determination moyenne, selon laquelle la force du vent pousse tout le Vaisseau, & laquelle par consequent doit être directement opposée à la force moyenne de la resistance de l'eau : En effet Mr. Renau a fort bien remarqué dans son Traité pag. 106. que *le Vaisseau sera poussé de la même maniere, que si sa voile étant plate, elle étoit située suivant une ligne perpendiculaire à la Direction moyenne entre toutes les forces, dont la voile est poussée vers la direction moyenne* ; ce sont là ses propres termes :

termes : Cependant il n'a pas entrepris de determiner cette moyenne force & direction, si non par conjecture, quoiqu'il soit trés-important de la sçavoir au juste, puisque c'est de cette direction que depend la substitution (laquelle on peut faire dans la pensée) d'une Voile plate équivalente.

III.

Feu mon Frere a donné à la verité une regle pour cela dans les Actes de Leipsic 1692. p. 204, mais que lui-même a reconnu ensuite être fautive de même que la plûpart des autres propositions qu'il a avancées sur cette matiere qui sont fausses, voulant donc les corriger il donna une nouvelle regle pour la direction moyenne dans les mêmes Actes en 1694. p. 275; mais qui ne se rencontra pas meilleure que la premiere, ce qu'il reconnoit encore lui-même dans les Actes de l'Année suivante 1695. p. 547 & 548, où rejettant les deux premieres il en propose enfin une troisiéme, que je trouve effectivement n'être pas fausse, mais outre qu'elle suppose que la nature de la courbe est donnée par une équation, elle est encore exprimée par des grandeurs differentielles, qui ne donnent

H 4

qu'une

qu'une idée trés-confufe d'une chofe trés-fimple en elle-même, & que je determine par le moyen de la feule pofition donnée des deux tangentes extrêmes de la voile, fans fuppofer qu'on connoiffe ni la nature de la courbe, ni aucune autre chofe.

IV.

Ce n'eft pas la methode generale, dont je me fuis fervi ci-deffus dans la recherche de l'axe de l'équilibre de la refiftance moyenne, & qui pourroit auffi être employée ici quoique moins commodement ; ce n'eft pas, dis-je, la methode generale, qui m'a conduit à la découverte d'un Theoréme trés-curieux & trés-utile pour la pratique, quand il eft queftion de determiner la direction moyenne & l'axe de l'équilibre des impulfions du vent contre la voile ; mais c'eft une autre methode particuliere que je communiquerai dans la fuite : mais voyons auparavant en quoi confifte la Regle de mon Frere.

V.

Soit A B H une courbe quelconque, qui reprefente non feulement une voile enflée par le vent, mais auffi un morceau de linge rempli d'une liqueur uniforme.

Fig. XVIII.

formement ou non-uniformement pesante, ou si l'on veut soit A B H une corde parfaitement flexible poussée ou tirée dans tous ses points de maniere
qu'elle forme une ligne courbe par une
infinité de puissances égales ou inégales,
chacune suivant une direction perpendiculaire à la courbe. L'abscisse A F
$= x$; l'ordonnée F B $= y$; la courbe
A B $= s$; A C & B C sont deux tangentes aux points A & B, qui se rencontrent en G ; B D est une perpendiculaire : Cela posé, mon Frere ordonne de
prendre B D $= \frac{x\,ds^2 + x\,dy\,ds}{dx^2}$, & de tirer
ensuite C D, qui sera l'axe de l'équili-
bre des impulsions du vent faites sur la
portion A B.

V I.

Je remarque ici (ce qui soit dit en
passant) qu'il auroit pû exprimer plus
simplement la ligne B D, en la faisant $=$
$\frac{x\,ds}{ds - dy}$; car $\frac{x\,ds}{ds - dy}$ est $= \frac{x\,ds^2 + x\,dy\,ds}{dx^2}$, &
ainsi elles ne font qu'une même quan-
tité, verité dont chacun peut aisément
se convaincre, si comparant ces deux
expressions ensemble, on les multiplie
ensuite en croix.

H 5

CHA-

CHAPITRE XV.

De l'axe de l'équilibre des impreſſions du Vent ſur une Voile courbe determiné par un Theoréme que l'on demontre par quelques Propoſitions de Statique.

I.

VOici maintenant mon Theoréme conçû en peu de mots, ſans tirer la ligne BD & ſans conſiderer les x, y & s.

THEORÉME.

La ligne CD, qui coupe l'angle ACB en deux également, ſera la direction moyenne & l'axe de l'équilibre des impreſſions ſur la portion de la courbe AB.

Pour demontrer ce Theoréme, je me ſervirai de quelques propoſitions déduites de la Statique commune.

Propoſ. I.

II.

Fig. XIX. *Si trois forces A, B, F, tirent enſemble un point C, & qu'elles ſoient en équilibre mutuellement : Je dis que ſi la direction de l'une FC eſt prolongée en D ; Les trois forces A, B*

A, *B* & *F* feront refpectivement comme les finus de ces trois angles *D C B*, *D C A* & *A C B* ou de fon complement à deux droits.

Cette propofition fe trouve demontrée dans prefque tous les livres de Mecha-nique : Voyez entre autres la propofi-tion fondamentale de Mr. Varignon dans fon projet d'une Nouvelle Mechanique pag. 11.

Corollaire.

III.

Si FCD partage également l'angle ACB, les deux forces A & B feront égales.

Propof. II.

IV.

Si ACDB eft un fil ou une corde attachée Fig. XX. *ou foutenuë aux deux extremités A & B, pendant qu'aux deux points C & D elle eft bandée ou tenduë par deux puiffances ou for-ces CR & DS ; Je dis que la direction mo-yenne de ces deux puiffances ou leur axe d'é-quilibre fera XV diagonale du trapeze, qui fe forme par la prolongation des lignes AC, BD & RC, SD.*

Demonftr. Car il eft manifefte que les
deux

deux cordes A C & B D font tenduës de
la même maniere par les forces C R &
D S , que fi les cordes A C , B D prolongées en *c* & *d* , & jointes par la corde *cd*
parallele à C D étoient tenduës par les
mêmes forces *cr* , *ds* & fuivant les mêmes directions, parce que les directions
des réfiftances & des forces A*c* , *cd* , B*d*
& *cr* , *ds* demeurant les mêmes que A C,
C D , B D & C R , D S , il fe fera encore
le même équilibre entre les refiftances
& les forces ; c'eft-à-dire qu'il faudra
autant de force en A & B pour foutenir
la corde A*cd*B tenduë par les deux forces *cr* & *ds* , qu'il en faut pour foutenir
la corde A C D B tenduë par les forces
C R & D S égales & paralleles à *cr* & *ds*,
fuppofé C D parallele à *cd*. Les forces
cr & *ds* ont donc la même direction
moyenne que les forces C R & D S :
C'eft pourquoi concevant que *cd* foit
infiniment proche du point de concours
X , & partant infiniment petite , enforte
que les points *c* & *d* fe confondent enfin au point X ; ce fera la même chofe,
que fi ce point X étoit tiré par deux
forces X L & X M égales & paralleles
aux forces C R & D S. Or il eft vifible
que la direction de la force moyenne de

X L &

X L & de X M doit paſſer par le point X, puiſque c’eſt la diagonale du parallelogramme M L fait par les deux côtés X L & X M : La ligne X N ſera donc auſſi la quantité & direction moyennes des forces C R & D S. Que ſi nous conſiderons préſentement R C D S comme une corde ſoutenuë par les deux bouts R & S, & tenduë par deux forces C A & D B, ce qu’il eſt permis de s’imaginer, on ſuivra le même raiſonnement pour prouver que la direction moyenne des forces C A & D B, qui doit être directement oppoſée à la premiere X N (puiſque ce ſont les directions de l’action & de la reaction) paſſera par le point de concours V ; d’où il s’enſuit que X V ſera la commune direction moyenne des forces C R , D S, qui tendent la corde, auſſi bien que des reſiſtances ou des tenſions, que ſouffre la corde ſuivant C A, D B ; ainſi X N & X V ſeront ſituées en ligne droite.

V.

Cette demonſtration peut encore être abregée de la maniere ſuivante : Les forces tendantes C R , D S ſont diſpoſées comme ſi elles partoient du point V ; & l’on peut conſiderer les forces reſi-

ſtantes

ſtantes C A, D B comme partantes du
point X : Les points V & X peuvent
donc auſſi être regardés comme les deux
extremités d'une ligne inflexible V X
pouſſée de V vers X par l'action moyenne des forces tendantes , & repouſſée de X vers V par la reaction moyenne des forces reſiſtantes : d'où il eſt aiſé
de conclurre , que V X doit être la commune direction moyenne des forces tendantes & des reſiſtances.

Coroll.

VI.

Si les deux angles A C D & B D C
égaux ou inégaux , ſont coupés également
ment par les directions des forces V C R,
V D S ; c'eſt à dire ſi A C V = D C V, &
B D V = C D V ; Les trois portions de
la corde A C, C D, & D B, ſeront également bandées , ou bien chacune aura
beſoin de la même fermeté pour reſiſter
à la rupture. Car par le Coroll. de la
Propoſition précedente la force avec laquelle D C eſt tiré ou tendu de D vers
C par la puiſſance C R, eſt égale à la
force avec laquelle A C eſt tiré ou tendu de A vers C par cette même puiſſance C R : Et pareillement les forces avec
leſquel-

lefquelles C D & B D font tirés ou tendus de C vers D, & de B vers D par la
puiffance D S , font égales entre elles.
Or le point C eft tiré vers D par un effort égal à celui avec lequel D eft tiré
vers C à caufe de l'égalité qu'il y a entre l'action & la reaction. Donc les ten-
fions & partant les fermetés requifes
pour empêcher la rupture font égales
dans les trois portions du fil A C, C D,
& D B.

Propof. III.

VII.

Le fil ou la corde A C D E F B attachée ou Fig. XXI.
foutenuë aux extremités A & B étant tenduë
par plufieurs puiffances C R, D S, E T, F P &c.
quelconques, enforte qu'elle prenne la forme
d'un polygone A C D E F: Je dis que 1°. La
direction moyenne V X ou l'axe de l'équilibre
de ces forces ou puiffances paffera par le con-
cours X des portions extrêmes de la corde A C,
B F prolongées, & par le centre de gravité O
des points L, M, N, K, aprés avoir tiré les
lignes X L, X M, X N, X K paralleles & éga-
les à leurs refpectives C R, D S, E T, F P.
2°. La quantité de la force ou puiffance mo-
yenne fera exprimée par la quatriéme propor-
tionelle de l'unité, du nombre des points L,
M, N,

M , N , K & de la distance de leur centre de gravité au point X.

Demonstr. La premiere partie de cette proposition se démontre par la précedente : Car la direction moyenne des deux forces C R & D S passant par le concours G, des deux portions du fil A C, E D prolongées ; on pourra à la place du fil A C D E F tendu par trois puissances en C, D, & E, substituer le fil A G E F, tendu seulement par deux puissances en G & F, dont celle en G soit la moyenne de C R & D S ; ainsi la direction des deux forces ou puissances en G & E, c'est-à-dire, des trois en C, D, & E, passera par le concours H des deux portions du fil A C, F E prolongées : En continuant de cette maniere on prouvera, que la moyenne direction de toutes les puissances C R, D S, E T, F P &c. passera par le concours X des portions extrêmes du fil A C, B F prolongées. La seconde partie de cette proposition est claire par l'articl. 16. du Chapit. I.

Coroll. 1.

VIII.

Si tous les angles du polygone représenté

senté par la corde tenduë égaux ou inégaux, sont coupés également par les
directions des puissances, comme on l'a
supposé dans le Corollaire de la Propos. II. on prouvera de même, que toutes les portions A C, C D, D E &c. du
fil A C D E F B sont également tenduës
ou bandées.

Coroll. 2.

I X.

Or puisque les deux portions A C &
B F sont tenduës de la même maniere
qu'elles le feroient, si elles étoient con-
tinuées en X, & qu'on y appliquat la
force moyenne suivant la direction moyenne V X; il faut que A X & B X, en
faisant la supposition précedente, soient
aussi également tenduës ; donc par la
converse du Coroll. de la Prop. I. V X
coupe l'angle A X B en deux parties é-
gales.

Coroll. 3.

X.

Si, faisant toûjours la même supposi-
tion, le nombre des puissances C R, D S,
E T, F P &c. est infini, le polygone
A C D E F B dégenere en une ligne cour-

I

be,

be, fur laquelle les directions C R, D S, E T, F P &c. font perpendiculaires ; enforte qu'elle repréfente fort bien une voile ou un linge enflé par le vent ou rempli d'une liqueur, dont toutes les preffions égales ou inégales agiffent fur chaque petite partie de la courbe fuivant une direction perpendiculaire à la courbe ; De maniere que le Theoréme avancé dans le premier article de ce Chapitre eft entierement demontré.

XI.

Ceux qui font employés dans la marine feront fans doute bien-aifes de fçavoir ce Theoréme, puifqu'il leur fervira de regle pour connoître, fi la ligne de la force mouvante a la fituation qu'ils fouhaitent ; d'autant plus que fans fe mettre en peine de la nature de la courbe, ils n'ont qu'à tirer deux tangentes aux extremités de la voile, foit par eftimation en imaginant ces tangentes tirées, foit réellement en les tirant effectivement par le moyen de deux ficelles, ou de quelle autre maniere que ce foit, car la ligne droite qui coupe en deux parties égales l'angle que font les deux tangentes, fera infailliblement la moyenne direction de l'impulfion du vent ou la

ligne

ligne de la force mouvante, suivant laquelle le vent fait son effort sur la voile, & la voile sur le vaisseau, qui par là
sera determiné à se mouvoir non point
suivant la même ligne, mais suivant celle que demande la figure du Vaisseau &
la position de la quille, pour que la resistance moyenne de l'eau contre le Vaisseau soit directement opposée à la force
moyenne du vent sur la voile ; c'est-à-
dire, que les deux axes de l'équilibre
tant de la resistance de l'eau, que de la
force mouvante du vent, rapportés sur
le plan horizontal se répondent parfaitement en ligne droite : c'est ce qui a fait
la principale matiere de ce Traité.

XII.

Quant au reste j'avoüe que j'ai supposé avec Mr. Renau dans sa Theorie,
& avec Mr. Huguens dans son Objection,
que la Vitesse du vent est infiniment
plus grande que celle du vaisseau, car
autrement le même vent ne pousseroit
pas avec la même force la voile du Vaisseau quand il est déja en mouvement
pour fuir le vent, que quand il commence à se mouvoir. Et deux Vaisseaux
suivant deux routes differentes quoiqu'avec des vitesses égales, le vent n'a-

giroit

giroit pas également fur leurs voiles ni
avec la même impetuofité ; car le Vaiffeau qui avance plus felon la ligne du
vent, rend inutile une plus grande partie de la viteffe du vent, que celui qui
avance moins fuivant la même ligne,
puifque ce n'eft pas la viteffe abfoluë,
mais la relative ou la différence de deux
viteffes en un même fens qui doit être
eftimée dans le choc des corps.

XIII.

Or quoiqu'il foit vrai, que la rapidité
du vent n'eft pas infinie, & qu'ainfi à
parler à toute rigueur, les regles que j'ai
données dans ce Traité, concernant la
viteffe du Vaiffeau, ne peuvent pas a-
voir une exactitude geometrique ; il
fuffit que la viteffe du vent foit fi grande, par rapport à celle du vaiffeau, que
quelque grande que cette derniere foit,
elle ne puiffe pas entrer en comparaifon
avec la viteffe du vent, pour en conclurre
que dans le fait l'erreur qui refulte de
mes regles devient imperceptible ; Erreur qu'il vaut par confequent beaucoup mieux negliger dans la pratique
comme une chofe de trés-petite importance, que de fe jetter dans le détail épi-
neux d'un calcul long & penible, en
vou-

voulant s'attacher trop fcrupuleufement à une précifion, qui quand même on viendroit à bout de la determiner avec exactitude, ne produïroit aucune utilité confiderable dans la pratique.

XIV.

Je fçai que feu mon Frere fit autrefois cette objection, qu'il croyoit être de quelque confequence, à Meſſrs. Renau & Huguens dans les Actes de Leipfic de 1695. pag. 549 & 550, & que fans s'engager dans cette difpute, il fe contenta de dire que Mr. Huguens approchoit plus de la verité ; cependant le calcul qu'il y fait pour appuyer fon ob-jection, & pour faire voir que la diffe-rence peut devenir trés-fenfible dans des voyages de longs cours, ne me pa-roît pas convaincant, parce qu'il y a des fuppofitions qu'on ne lui accorderoit pas aifément : quoiqu'il en foit, ce que j'ai demontré touchant la Viteffe d'un Vaiſſeau, ne fert uniquement que dans le cas où l'on fuppofe que la viteffe du vent eft incomparablement plus grande que celle du Vaiſſeau.

Cʜᴀ-

CHAPITRE XVI.

Methode nouvelle pour trouver la Nature des Courbes des Voiles, des Linges, des Cordes &c. dilatés par l'action d'un fluide quelconque.

I.

AVant que de finir cet ouvrage, je me servirai de cette occasion pour communiquer au Public une nouvelle Methode propre à determiner la nature des Courbes des Voiles, des Linges, des Cordes, & en general de toute matiere flexible dilatée en ligne courbe par l'action quelconque d'un fluide, soit qu'il agisse par sa pesanteur ; ou par son mouvement ; ou par l'un & l'autre ensemble ; soit qu'il agisse par un ressort uniforme ou non-uniforme s'il en a un, comme l'air : En un mot, par quelque cause que se fasse la pression, pourvû que sa direction soit par tout perpendiculaire à la courbe, & que la Loi des forces qui pressent soit donnée. Cette Methode que je vais communiquer présentement m'est connuë depuis fort long-temps ; elle est differente de celle que je publiai autrefois, & qui consiste dans la Decom-position

pofition des forces élementaires , qui
preffent fur la courbe, dans fes collate-
rales paralleles & perpendiculaires aux
abfciffes, femblable à peu prés à la maniere que j'ai employée dans ce Traité
pour determiner la direction moyenne
de la refiftance de l'eau contre le Vaiffeau.   J'inventai la feconde de ces Methodes peu de temps aprés la premiere,
mais de certaines raifons qui ne fubfi-
ftent plus m'empêcherent de rendre a-
lors publique celle dont il eft ici queftion, je profite de l'occafion qui fe préfente à en faire part au Public, fans quoi
je n'y aurois peut-être plus penfé.

II.

Confiderons le polygone A C D E F B
comme compofé d'une infinité de côtés
A C, C D, D E &c. c'eft fous cette idée Fig. XXI.
qu'on a accoûtumé de confiderer en certaines occafions les Lignes courbes.
Suppofé les petits côtés A C, C D, D E,
E F &c. égaux entre eux, les angles ex-
ternes A C I, C D G, D E H &c. feront
les mefures des convexités de la courbe
aux points C, D, E &c. & par confequent reciproquement proportionels aux
rayons de la développée ou des cercles
ofculateurs des mêmes points C, D, E

I 4   &c.

&c. Si donc A C D E F B eſt un fil cour-
bé par une infinité de puiſſances appliquées aux points C, D, E &c. dont les
lignes de direction *r* C R, *s* D S, *t* E T &c.
ſoient perpendiculaires à la courbe, c'eſt
à dire que tous les angles *r* C A, *r* C D,
s D C, *s* D E, *t* E D, *t* E F &c. ſoient comme des angles droits & partant égaux
entre eux; il s'enſuit par le Coroll. de la
Propoſ. II. & par le Coroll. 2. de la Propoſ. III. que les petites parties du fil AC,
C D, D E &c. ſont toutes également
bandées; & qu'ainſi le fil, la voile, le
linge &c. quoiqu'inégalement preſſés
ſuivant les perpendiculaires, ne laiſſent
pas pour cela d'être également tendus
ſuivant les tangentes, & d'être par con-
ſéquent également ſujets à la rupture
dans tous les points de la courbe que
cauſe la preſſion du fluide.

III.

De plus la puiſſance C R eſt à la force
de la tenſion du fil C D (que nous nom-
merons ici T), comme le ſinus de l'angle A C I, au ſinus de l'angle A C *r* c'eſt
à dire au ſinus total : mais auſſi T eſt à
la puiſſance D S, comme le ſinus de
S D E c'eſt à dire le ſinus total, au ſinus
de C D G; donc *ex æquo* la puiſſance C R
eſt

eft à la puiſſance D S, comme le finus de A C I eft au finus de C D G ; ainfi par le même raiſonnement la puiſſance D S eft à la puiſſance E T, comme le finus de C D G, eft au finus de D E H ; & la puiſſance E T à la puiſſance F P, comme le finus de D E H, au finus de E F X ; & ainfi de fuite : Donc derechef *ex æquo* la Puiſſance C R eft à la Puiſſance F P comme le finus A C I eft au finus de E F X, ou (parce que les angles infiniment petits font comme leurs finus) comme l'angle A C I à l'angle E F X, c'eft à dire que la Nature de la Courbe doit être telle, que *la convexité en chaque point foit en raifon directe , ou le rayon du cercle ofculateur en raifon réciproque de la preffion du fluide dans le même point.*

I V.

Mais d'autant que cette preffion depend de la diverfe maniere , dont on peut concevoir que le fluide agit fur la matiere flexible, qui en doit être enflée en courbe : Il faut determiner la Loi de la preffion par la nature du fluide & de fon action ; D'où l'on voit que le probleme en general fera reduit pour chaque cas particulier à la Geometrie pure :

I 5

quel-

quelques Exemples éclairciront la solution generale.

V.

Soit A B H un fil dilaté en Ligne courbe par la vertu d'une matiere également élastique, comme par ex. d'air condensé dans l'espace de la figure A H I ; qui cherchant à se dilater pousse le fil en dehors, & cela avec une égale pression perpendiculaire dans tous les points de la courbe, à cause de l'élasticité uniforme de l'air : Il faut donc par la solution generale que la courbe A B H ait par tout une convexité uniforme, ou le rayon du cercle osculateur dans tous les points B égal, ce qui est visiblement la nature du cercle : Desorte que A B H sera un arc de cercle. C'est par cette cause qu'on voit que les vessies d'eau de savon s'arrondissent en spheres par le ressort de l'air enfermé : C'est aussi par cette cause que les fibres musculaires, quand elles s'enflent prennent la figure de spheroide faite par la revolution d'un petit segment de cercle, comme je l'expliquai il y a 20. ans dans la Dissertation *de Motu musculorum*, mais par le moyen de l'autre methode.

Fig. XVIII.

VI. Pour

VI.

Pour le second exemple soit A B H la courbe de la Voile, qui reçoit le vent suivant la direction parallele à l'axe I A, & qui le laisse écouler ou échapper librement aprés l'impulsion. Dans cette hypothese la pression perpendiculaire du vent contre chaque petite partie de la voile sera (par l'art. 1. du Chapit. I.) comme le quarré du sinus de l'angle d'incidence H B E ; nommant donc A F, x ; F B, y ; A B, t ; Et prenant l'élement ou la differentielle de la courbe (dt), qui est constante, pour le sinus total ; la differentielle de F B (dy) sera le sinus de l'angle d'incidence ; & ainsi dy^2 marquera la pression du vent sur cet élement de la courbe, laquelle pression doit être reciproquement proportionelle au rayon de la developpée $\left(\frac{dy\,dt}{ddx} \right)$: C'est pourquoi il faut faire cette analogie, en introduisant la constante a, pour suppléer les homogenes, $dy^2 \cdot \frac{ddx}{dy\,dt} :: adt^2 : 1$; ce qui donne $dy^3 = adt\,ddx$.

VII.

Pour reduire cette égalité differentielle du second degré, à une autre du premier

mier degré, je divise chaque membre par dy^2, & puis je les multiplie par dx; ce qui me donnera $dx = \frac{a\,dt\,dx\,ddx}{dy^3}$

$\frac{a\,dt\,dx\,ddx}{dt^2 - dx^2 \sqrt{dt^2 - dx^2}}$, tous deux integrables; car prenant les integrales, il vient $x + b$

$= \frac{a\,dt}{\sqrt{dt^2 - dx^2}} = \frac{a\,dt}{dy}$, ou (faisant $b = a$, pour faire commencer les abscisses avec le commencement de la courbe, ce que je connois par ce que $\frac{a\,dt}{dy}$ devient $= a$ dans le commencement de la courbe)

$x + a = \frac{a\,dt}{dy}$, & partant $xx + 2ax + aa$

$= \frac{aa\,dt^2}{dy^2} = \frac{aa\,dx^2 + aa\,dy^2}{dy^2} = \frac{aa\,dx^2}{dy^2} + aa$;

ôtant de part & d'autre aa, & achevant le reste de la réduction, on aura enfin

$dy = \frac{a\,dx}{\sqrt{2ax + xx}}$; ce qui est justement l'é-quation, que je trouvai autrefois pour la courbe de la chaine : D'où il faut con-clurre, que la Voiliere & la Chainette ne font qu'une même courbe, conforme-ment à la remarque que j'en fis à l'en-droit cité du Journal des Sçavants de l'Année 1692.

VIII.

La recherche de la Courbure du lin-ge qui contient une liqueur pesante, me

four-

fournira le troifiéme exemple : Soit Fig. XVIII.
donc H B A la moitié de cette courbe,
H fon commencement fuperieur ; H I
l'axe horizontal, fur lequel je prens
l'abfciffe H E $= x$, l'ordonnée E B $= y$;
l'arc de la courbe H B $= t$. Or felon
les principes de l'Hydroftatique la preffion d'une liqueur pefante eft toûjours
proportionelle à la hauteur verticale, de
quelque maniere que foient fituées les
parties du fond, foit qu'elles foient hori-
zontales ou inclinées ; Si bien que la preffion, dont l'élement de la courbe dt eft
pouffé perpendiculairement en dehors,
doit être eftimée $= y\,dt$, ou fimplement
(parce que dt eft conftant) $= y$: Il
faut donc faire fuivant la folution generale comme dans l'exemple précedent
en introduifant la conftante a pour fup-
pléer les homogenes, $y \cdot \dfrac{ddx}{dydt} :: \frac{1}{2}\,aa \cdot 1$;
ce qui fait $y\,dy\,dt = \frac{1}{2}\,aa\,ddx$; en inte-
grant on trouve $yy\,dt = aa\,dx$; en quar-
rant on a $y^4\,dt^2\,(y^4\,dx^2 + y^4\,dy^2) = a^4\,dx^2$;
donc $y^4\,dy^2 = \overline{a^4 - y^4}\,dx^2$; achevant le
refte de la reduction il vient $dx = \dfrac{yy\,dy}{\sqrt{a^4 - y^4}}$:
qui eft la même équation que l'on trou-
ve par ma premiere methode, comme
on le peut voir de ce que je publiai autrefois

trefois ſur cette matiere, ce qui doit confirmer la bonté de l'une & de l'autre de
ces methodes.

I X.

Ces trois exemples ſuffiſent pour ſe
ſervir de l'application de la ſolution generale dans pluſieurs autres cas particu-
liers des impreſſions perpendiculaires à
la courbe, qui en eſt formée, ſoit que
ces cas puiſſent effectivement arriver
comme ceux des trois exemples que l'on
vient de réſoudre, ſoit qu'ils ne ſubſiſtent que dans l'imagination, comme ſi
on concevoit une liqueur dans du linge,
qui ne fut pas uniformement peſante,
mais dont les parties des differentes profondeurs fuſſent d'une peſanteur ſpecifi-
que plus ou moins grande, ſelon certain rapport donné des profondeurs;
ou que la liqueur eût en même temps
une vertu élaſtique & de la peſanteur,
l'une & l'autre variable ſelon une Loi
donnée quelconque. Car de quelque
maniere qu'on conçoive que l'action des
forces ſoit modifiée, d'autant qu'elle agit
toûjours perpendiculairement ſur toutes les parties de la courbe, on voit bien
que la ſolution en ſera toûjours compriſe dans la ſolution generale, que j'ai
donnée

donnée pour les preſſions perpendiculaires, & que j'ai montré être proportionelles directement aux convexités de la
courbe, ou reciproquement aux rayons
oſculateurs.

X.

Si je ne craignois d'être trop long, je
pourrois rendre la ſolution encore plus
generale, en montrant la maniere de determiner la courbure d'un fil qui ſeroit
tiré ou pouſſé en dehors par une infinité de puiſſances ſuivant des directions
non ſeulement perpendiculaires, mais
auſſi obliques quelconques invariables
ou variables. D'où il reſulteroit une
nouvelle Methode pour la recherche
des Chainettes de toutes les eſpeces,
qui ſeroient toutes compriſes dans la
queſtion generale, comme un cas trés-
ſimple ; puiſque la direction des petits
poids, deſquels on conçoit la chaine
chargée à de petits interſtices égaux,
étant par tout parallele à l'axe vertical
de la Courbe, en rendroit la ſolution
fort facile. On pourroit auſſi determiner les forces des tenſions, ou les fermetés requiſes dans tous les differens
endroits du fil ou de la chaine, quelque courbure que le fil ou la chaine

prenne

prenne par les puiſſances ou par les poids
appliqués dans tous les points. Enfin
on réſoudroit avec la même facilité le
probleme inverſe ſur cette matiere, qui
eſt que la courbe étant donnée, on demande la Loi des puiſſances qui doivent
tirer ou pouſſer le fil, ou la Loi des
poids dont il faut concevoir que la chaine ſoit chargée, afin qu'elle prenne la
forme de la courbe donnée. Mais outre que cela me meneroit trop loin &
hors de mon ſujet, j'ai donné aſſez d'ou-
verture au Lecteur pour achever le reſte
par ſes propres lumieres.

LETTRE

LETTRE I.

DE L'AUTEUR
à
Monsieur le Chevalier Renau,
Contenant quelques Remarques sur son nouveau Memoire.

ONSIEUR,

L'Obligeante Lettre que Vous m'avez fait l'honneur de m'écrire du 6. Juin, en m'envoyant Vôtre Mémoire, auroit dû m'engager à Vous répondre d'abord; Mais j'espere que Vous aurez la bonté de me pardonner ce petit délai causé par quelques affaires importantes qui me sont survenuës à l'improvîte.

K   Quant

Quant à la difpute que Vous avez euë il y a vingt ans avec feu Mr. Huguens, il eft vrai que j'ai été de Vôtre fentiment fur le recit que feu Mr. le Marquis de l'Hôpital m'en fit alors dans une de fes Lettres, mais fans me rapporter le détail de toutes les raifons alleguées de part & d'autre, excepté quelques-unes des Vôtres, qui me parurent trés-fpecieufes & même convaincantes ; ce qui fit que je me rangeai de Vôtre côté en condamnant le fentiment de Mr. Huguens.

Vôtre Theorie n'étant pas parvenuë alors jufques à moi, je fus contraint d'en demeurer là, fans examiner de plus prés cette matiere, comme je l'aurois fait fi j'avois pû trouver ce Livre, pour m'éclaircir par ma propre Lecture de l'état de la queftion, & pour en pouvoir porter un jugement affûré. Auffi n'y penfois - je plus lors que Mr. de M . . . . me manda, il y a environ 4. ou 5. mois, que Vous alliez faire imprimer quelque chofe de nouveau fur cette Difpute : Cette circonftance rapella mes idées & me donna de nouveau la curiofité de lire Vôtre Theorie de la Manœuvre des Vaiffeaux, pour fçavoir précifement de quoi

quoi il s'agiſſoit entre Vous & Mr. Huguens : Un ou deux mois aprés, quelqu'un de mes Amis, de qui j'appris par
hazard qu'il avoit ce Livre, eut la bonté de me le communiquer : Je le parcourus donc avec avidité & avec beaucoup d'attention : auſſi eus-je le plaiſir
d'y trouver de trés - belles choſes, écri-
tes d'un ſtile pur & élegant, & tournées
d'une maniere agréable.

Mais Vous me pardonnerez, Mon-
ſieur, ſi je me ſers de la liberté que Vous
m'avez accordée de porter mon jugement *ſans aucun égard que pour la verité,*
pour Vous dire, qu'outre la mépriſe que
Mr. Huguens a remarquée touchant la
viteſſe du vaiſſeau dans une route oblique, j'en ai découvert encore une autre, qui concerne la determination de
l'angle de la dérive, & que Mr. Huguens
a paſſée ſous ſilence en y conſentant tacitement, comme je le puis (*) prouver
par ſes propres objections. J'avoüe
que Vos raiſonnemens dans ces deux
endroits ont, comme par tout ailleurs,
tout l'air de la verité, enforte qu'il eſt
difficile de ne ſe laiſſer pas entraîner par
une grande vraiſemblance qui y regne,

K 2

& qui

(*) On en voit la preuve dans l'art. 6. du Chapitre XI.

& qui Vous en a impofé à Vous-mé-
me.

Ma remarque fur Vôtre maniere de
determiner la Dérive, confifte en ce que
je vois que Vous prétendez pag. 17. &
18. de Vôtre Theorie, que *fi on fçavoit
le rapport qu'il y a, de la refiftance que le
Vaiffeau trouve à fendre l'eau avec fon côté,
à celle qu'il trouve à la fendre avec fa pointe, on determineroit la ligne de la route du
Vaiffeau:* ce qui ne fçauroit fubfifter,
car il s'enfuivroit, que la raifon de G M
à L M, feroit toûjours la même dans un
même Vaiffeau, quelque grand ou quelque petit que fût l'angle G B M, & quelque figure que le Vaiffeau eût; au lieu
que je trouve, que le rapport de G M à
L M eft variable, & qu'il dépend entierement de la figure du Vaiffeau & de la
grandeur de l'angle G B M. Je puis même demontrer que le Vaiffeau pourroit
être d'une telle figure, que non obftant
que la réfiftance contre le côté fût par
exemple mille fois plus grande que celle contre la pointe, l'angle G B M dé-
viendroit neantmoins plus petit que
l'angle de la dérive L B M. Cela Vous
paroît un paradoxe; cependant j'en ai
la demonftration (†).

Enfin,

(†) Voyez les art. 8. & 9. du Chap. II.

Enfin, Monsieur, voyant que toute Vôtre Theorie n'étant fondée que sur les deux principes que Vous suppofez pour la determination de la Dérive & de la Viteffe, elle tomboit neceffairement par la deftruction de ces deux principes, j'ai travaillé à une nouvelle Theorie, mais plus difficile à la verité & denuée de cette fimplicité qui regne dans la Vôtre : Mais que faire, fi la matiere Elle-même devient difficile & embaraffante, quand on la veut traiter fuivant le veritable fyfteme ? C'eft fans doute ce qu'avoit prévû Mr. Huguens, qui ne voulut pas entreprendre de determiner la dérive : J'ai donc travaillé à compofer un Dif-cours fur ce fujet, dans le deffein de l'envoyer à l'Academie Royale des Scien-ces & de le publier même, fi Elle l'ap-prouvoit : Je l'aurois auffi priée de Vous communiquer auparavant mon Manufcript, perfuadé, Monfieur, ou que je me ferois acquis Vôtre fuffrage, ou que Vous auriez folidement refuté mes raifons, ce qui m'auroit porté ou à en hâter la publication, ou à le fuppri-mer. Il ne tient qu'à Vous, Monfieur, de me faire connoître Vôtre fentiment là-deffus, & ce que Vous fouhaitez que

K 3

je

je faffe ; j'aurai l'honneur d'executer Vos Ordres.

A peine venois - je d'achever cet écrit que l'on me rendit fort à propos & dans le temps que j'avois encore l'imagination toute remplie de ces chofes, le Memoire que Vous avez eu la bonté de m'envoyer. L'envie que j'eus de voir la maniere dont Vous répondiez à Mr. Huguens, fit que je le parcourus le même jour, & que je le relus encore le lendemain, afin qu'aucune particularité ne m'échapat.

J'ai d'abord remarqué que Vous confiderez à préfent la Viteffe du vent comme comparable à celle du Vaiffeau, au lieu que Vous l'aviez fuppofée dans Vôtre Theorie comme infinie par rapport à la viteffe du Vaiffeau, afin de pouvoir s'imaginer que le vent agiffe conftamment avec la même force fur la Voile, foit que le Vaiffeau foit en repos, ou qu'il fe meuve ; ce que Mr. Huguens a auffi fuppofé dans ces piéces, & moi de même dans mon Difcours. En effet, je crois que nous avions tous trois raifon de confiderer le vent comme infiniment rapide, puifqu'il l'eft actuellement à un tel point, que la difference de la force

contre

contre la voile du vaiſſeau en repos, &
de la force contre la même voile du même vaiſſeau en mouvement doit être inſenſible, & peu digne d'y avoir égard
quand on veut conſtruire des regles
pour la ſolution des problemes, qui ne
ſont déja que trop difficiles ſans les em-
baraſſer d'avantage par des minuties de
peu d'importance, leſquelles cependant
rendroient le calcul extrêmement pé-
nible.

Je conjecture que feu mon Frere, qui
parla le premier dans les Actes de Leip-
ſic de cette diminution de force ſur la
Voile du Vaiſſeau qui fuit le vent, Vous
a donné occaſion, d'y faire auſſi préſentement attention, pour expliquer diverſes choſes qui en dépendent, ce que
Vous executez admirablement bien,
rien n'étant plus beau ni mieux raiſon-
né par exemple que l'application que
Vous faites des principes generaux rapportés au commencement de Vôtre Memoire, & reçûs de tout le monde au
mouvement d'un Vaiſſeau : Vos raiſonnemens ſont convaincans, ſolides, & ſui-
vis depuis l'art. 7. juſqu'au 22. de Vôtre
Memoire ; Mais étant fort attentif à de-
couvrir, où pourroit donc être la ſour-

ce du different qui Vous fepare de Mr.
Huguens, & de moi, quant à la determination de la Viteffe du Vaiffeau mû
dans une route oblique à la voile ; je
l'ai enfin découverte dans l'art. 24 de
Vôtre Memoire : Mais j'avoüe que Vôtre raifonnement a une fi grande vraifemblance, que bien des gens s'y trom-
peroient, & qu'il feroit même difficile
d'en faire comprendre le paralogifme à
quiconque voudroit s'opiniàtrer à le
foutenir, foit par prévention, foit par
d'autres motifs : Voici en quoi il confifte.

Vous prétendez, Monfieur, que fi
B K repréfente la viteffe uniforme, que
le Vaiffeau en B (*) recevroit par le moyen de la premiere voile A B C toute
feule fuivant la direction B K ; & fi B L
repréfente la viteffe du même vaiffeau
en B, qui lui feroit imprimée par le moyen de la feconde voile D B E toute feule fuivant la direction B L ; Vous prétendez, dis - je, dans vôtre art. 24, que
le Vaiffeau pouffé par les deux vents
tout

Fig.
XXIV.

(*) Il eft à remarquer qu'on fait ici & dans la
fuite abftraction de la figure du Vaiffeau, & qu'on
le confidere comme fe pouvant mouvoir de tous
côtés avec une égale facilité : Mr. le Chev. Renau
le fuppofe auffi dans fon Memoire.

tout enfemble, ira dans la direction B M, & avec une viteffe exprimée par B M diagonale du parallelogramme L K : Or c'eft l'une & l'autre partie de cette propofition que Vous ne prouvez pas par Vôtre raifonnement, quelqu'air de verité qu'il ait : Car je prétens que la diagonale B M n'eft ni la direction ni la viteffe du vaiffeau B ; c'eft ce que je demontre ainfi.

Il faut d'abord remarquer que le vaiffeau en B étant confideré comme dans le vuide , ou comme une bille fur un billard pouffée tout à coup & à la fois fuivant les deux directions B K & B L par deux forces , ou plûtôt par deux chocs, que je fuppofe être tels, que fi chacun choquoit feul fans l'autre , l'un lui imprimeroit une viteffe defignée par B K, & l'autre une viteffe defignée par B L : Je dis, que dans ce cas le vaiffeau ou la bille pouffée par ces deux chocs enfemble, prendra effectivement la route & la viteffe defignée par B M ; Car n'y ayant ici aucune refiftance qui s'oppofe au mouvement, il n'y a nulle raifon pourquoi chacun des deux chocs n'ait fon entier effet; or les effets de chacun font les viteffes B K & B L impri-

mées

mées au corps B ſuivant leurs propres determinations, il faut donc qu'il acquiere la direction & la viteſſe BM, pour ſatisfaire en même temps aux deux cauſes laterales, c'eſt-à-dire, pour conſerver les viteſſes BK & BL dans leurs directions ; c'eſt là à peu prés le raiſonnement que Vous faites, & dont je tombe d'accord, quant aux corps mûs dans le vuide, ou dans des milieux non reſiſtans.

Mais il en eſt tout autrement quand le Corps B ſe meut dans une matiere reſiſtante, dont la Reſiſtance continuelle fait, qu'il ne ſuffit pas d'avoir imprimé au vaiſſeau dans un inſtant deux viteſſes laterales BK & BL, pour en compoſer une ſelon la diagonale BM, comme on le conçoit dans les corps qui ſe meuvent dans le vuide, non pas par une impreſſion continuellement appliquée, mais par des chocs faits tout d'un coup : Car la réſiſtance ſe faiſant ſentir continuellement, demande auſſi une force mouvante continuellement appliquée au Corps B pour le ſoutenir dans le mouvement : Or cette réſiſtance externe change de direction à meſure que la Force mouvante en change : Enſorte

que

que Vous voyez bien, Monſieur, que quoi qu'il ſoit vrai que le corps B (que je ſuppoſe toûjours avec Vous, fendre l'eau également de tous cotez) trouve ſa réſiſtance ſuivant B K, s'il ſe meut actuellement ſuivant la direction B K, & qu'il trouve ſa reſiſtance ſuivant B L, s'il ſe meut actuellement ſuivant la direction B L ; il ne s'enſuit pas, que ces deux reſiſtances laterales ſubſiſtent actuellement ſi le corps B ſe meut ſuivant une troiſiéme ligne, puiſqu'il eſt viſible, qu'il n'y a point d'autre reſiſtance actuelle ou réelle à conſiderer que celle que le corps B trouve directement oppoſée à ſon paſſage ſuivant cette troiſiéme ligne.

Pour faire voir la difference qu'il y auroit entre la reſiſtance actuelle directement oppoſée au mobile de quelque côté qu'il ſe meuve, & les deux reſiſtances actuelles laterales de directions invariables ; je produirai deux manieres de concevoir les milieux reſiſtans, dont la premiere convient à tous les fluides uniformement reſiſtans ; Et la ſeconde qui n'eſt qu'ideale, ne répond à rien dans la Nature, ce ſera cependant l'Idée ſous laquelle Vous concevez les fluides reſi-ſtans.   Pre-

Premierement concevons un corps B
Fig. XXII. dans le centre d'une infinité de circonferences concentriques *alf*, *bmg*, *cnh*
&c. d'égales distances B*a*, *ab*, *bc* &c.
imaginons qu'une certaine matiere qui
resiste en simple raison de la vitesse du
mobile qui la traverse, occupe ces circonferences, ou qu'elle soit disposée au-
tour de ces circonferences : comme si
par exemple toutes ces circonferences
étoient autant de filets à rompre par le
mobile B poussé du centre vers quelque point de la circonference ; Je vois
que dans quelque direction que le corps
B se meuve pour se faire jour à travers
les filets, il les rencontre toûjours perpendiculairement, si bien qu'il n'a qu'u-
ne seule & simple resistance directement
opposée à surmonter ; mais la direction
de cette resistance est variable, puisqu'il
est visible qu'elle se dirige toûjours à
être directement opposée à la direction
du mouvement du corps B, de quelque
côté qu'il aille : Et quoique nous sup-
posions que le corps B soit tout à la fois
poussé par deux forces suivant B*e* &
suivant B*k*, & forcé ainsi de prendre une
route moyenne, on ne pourra pas dire
que des deux resistances laterales que le
corps

corps B fouffriroit s'il alloit feparément dans chacune des directions B*e* & B*k*, il en refultera une refiftance moyenne fuivant la direction B*p*, puifque cette refiftance moyenne eft par elle-même fimple & directement oppofée au mouvement du corps B, comme s'il avoit été pouffé immediatement par une troifiéme force fuivant la direction B*p*, enforte que cette refiftance moyenne, qui feule eft actuelle, ne depend aucunement des refiftances laterales, qui ne font pas actuellement exiftantes.

Mais 2°. concevons que ces filets difpofés en lignes droites paralleles, & dans des intervalles égaux *ak*, *bt*, *cs* &c. doivent être rompus par le corps B mû par une force fuivant la direction B*e*; Et que d'autres filets *fu*, *gx*, *hy* &c. auffi également diftans & qui croifent les premiers à angles droits foient à rompre par le même corps B, quand il eft pouffé par une autre force fuivant la direction B*k*. Il eft clair, que fi les deux forces agiffent enfemble, & qu'elles faffent par confequent prendre au mobile une route moyenne B*p*, la refiftance que le mobile rencontre en forçant obliquement les filets, n'eft plus fimple &

Fig.
XXIII.

direc-

directement oppofée à la route comme dans le cas précedent, mais elle fera toûjours compofée de deux laterales, qui ont toûjours des directions invariables, dont l'une repouffe le mobile par exemple de l'Eft à l'Oüeft, pendant que l'autre agit du Nord au Sud ; fi bien que ces deux refiftances laterales confervent conftamment les mêmes directions, & fe font ainfi actuellement fentir au corps B, quelque obliquité de route qu'il prenne.

Je n'en dis pas davantage, Monfieur, car je conte que Vous comprendrez à préfent fans peine que le raifonnement que Vous faites dans l'art. 24. de Vôtre Memoire auroit lieu, fi la refiftance de l'eau contre le Vaiffeau fe faifoit à la maniere de ce fecond cas ; mais comme c'eft plûtôt au premier cas qu'il faut la comparer, ce que Vous m'accorderez fans doute, il eft vifible que Vôtre raifonnement ne peut plus fubfifter, à moins que Vous ne prétendiez contre mon attente, que l'une & l'autre maniere de concevoir les filets refiftans produiroit le même effet tant pour la direction que pour la viteffe du corps B pouffé à la fois par deux forces fuivant les deux directions

rections B*e* & B*k* :   Remarquez cependant que dans l'un & l'autre de ces cas je suppose que les filets soient faits de maniere (ce qui est assés difficile à executer) que chacun d'eux resiste à proportion de la Vitesse, avec laquelle le corps B le rencontre perpendiculairement, par ce que de cette maniere la force qui est requise pour conserver une vitesse uniforme au corps B suivant la direction perpendiculaire B*e*, sera comme le quarré de la vitesse, vû qu'elle doit être égale à la resistance totale, laquelle est en raison composée du nombre des filets rompus dans un temps donné & de la resistance de chaque filet, c'est-à-dire que chacune de ces raisons étant égale à celle de la vitesse, composeront ensemble la raison doublée de la vitesse.

Aprés Vous avoir fait voir, Monsieur, en quoi consiste Vôtre meprise touchant la determination de la route & de la vitesse du Vaisseau poussé à la fois par deux vents, dont les directions font ensemble un angle droit, & dont chacun fait son impulsion sur une voile qui lui est perpendiculaire ; il est à propos, que je montre la veritable maniere de determiner & la route & la vitesse d'un tel

Vais-

Vaiſſeau pouſſé ainſi par deux forces.
Soit donc le Vaiſſeau en B ;   B K la di-
Fig. rection & la viteſſe uniforme qu'il au-
XXIV. roit par la ſeule impulſion du vent perpendiculaire ſur la voile A B C ; B L la
direction & la viteſſe uniforme que le
même Vaiſſeau auroit s'il étoit pouſſé
ſeulement par le ſecond vent perpendiculaire ſur la voile E B D : Soit B L prolongée en I, enſorte que B I ſoit la troiſiéme proportionelle de B K à B L ; Soit
achevé le rectangle B I H K ; je dis que
le vaiſſeau B pouſſé par les deux Vents
enſemble, ira non point dans la ligne
B M diagonale du rectangle B L M K, ni
avec la viteſſe exprimée par B M comme
Vous le prétendez, mais ſuivant la direction B H diagonale du parallelogramme B I H K, & avec la viteſſe deſignée
par B O moyenne proportionelle entre
B H & B K.

La demonſtration n'en eſt pas difficile, ſi on admet la compoſition des forces, qui eſt le principe fondamental de
toute la Statique :   Car les forces des
deux vents, quand ils agiſſent chacun
ſeparément, étant égales aux reſiſtances
de l'eau (parce que je ſuppoſe les viteſſes uniformes), & ces reſiſtances étant

comme

comme les quarrés des viteſſes ; il eſt
manifeſte, que ſi nous conſiderons maintenant les deux forces agiſſantes enſemble, c'eſt comme ſi le point B étoit continuellement determiné à ſe mouvoir
par deux puiſſances ſuivant les directions B K & B L, & que ces puiſſances
fuſſent comme les quarrés de B K & de
B L, c'eſt à dire comme les lignes B K &
B l. D'où il ſuit que la Diagonale B H
marquera la direction & la quantité de
la puiſſance moyenne, donc la reſiſtance de l'eau que le Vaiſſeau ſouffre dans
cette route, étant directement oppoſée &
égale à cette troiſiéme puiſſance, il faut
que la Viteſſe ſoit exprimée par B O moyenne proportionelle entre B K & B H,
puiſque les reſiſtances ſont comme les
quarrés des viteſſes, & que B K marque
(par l'hypot.) la reſiſtance & la viteſſe
que le Vaiſſeau B auroit, ſi le premier
vent agiſſoit ſeul. Je conclus de tout
ceci, que ſi un troiſiéme vent ſoufflant
à contre-ſens ſuivant H B ſur une voile
perpendiculaire *a* B *c* lui imprimoit une
force deſignée par H B, comme les forces imprimées aux deux premieres voiles A B C, & E B D ſont deſignées par
B K & B l, je conclus, dis-je, que le

L

Vaiſ-

Vaiſſeau B demeureroit contrebalancé
de tous côtés & ne bougeroit pas, de
même que trois puiſſances agiſſant ſur
un même point dans les directions &
dans les proportions ci-deſſus données,
le maintiendroient dans un parfait équilibre conformement au principe de Statique allegué.

Cependant, Monſieur, Vous revoquez
en doute ce principe, & Vous le traitez
de *tradition paſſée des Anciens Geometres
juſqu'à nôtre temps*, puiſque c'eſt de ce
principe que Vous parlez dans Vôtre
Lettre ; Et Vous reconnoiſſez dans l'a-
vertiſſement du Memoire pag. 5. que
Mr. Huguens *réduiſit la queſtion à un cas
de Statique*, qui eſt juſtement le principe de la compoſition des forces. Mais
ſongez Vous, Monſieur, que par-là Vous
combattez la verité d'un principe, qui
ſert de fondement non ſeulement à la
Statique, mais encore à toute la Mechanique. Daignez, Monſieur, daignez
de grace y faire un peu plus de reflexion.
Si ce que Vous avancez avoit lieu, toute cette Science tomberoit en ruïne, &
il n'y auroit plus rien d'aſſûré. La force du Levier tiré obliquement, celle du
Plan incliné, generalement l'action de

toutes

toutes les Machines qui y ont rapport,
comme la Vis, le Coin &c. enfin tout
ce qu'on a écrit jufqu'à prefent fur l'E-
quilibre des Forces qui agiffent obliquement les unes fur les autres feroit faux,
& leur proportion établie fur ce principe ne feroit plus la veritable : Cependant que direz-Vous, Monfieur, fi on
peut confirmer cette proportion par une
infinité d'Experiences ? en voici une qui
eft trés-propre pour le cas en queftion :
A & B font deux poids égaux attachez
aux deux extremités d'une corde ^{Fig. XXV.}
ADFEB, qui paffe par deffus les deux
poulies D & E, que je fuppofe dans le
même niveau : Au point du milieu F
eft fufpendu un troifiéme poids C, qui
en defcendant fera monter les deux autres, jufqu'à ce que tous trois foient en
équilibre : Or quelle proportion y aura-
t-il alors entre les poids C & A ou B?
La regle commune veut qu'ayant achevé le parallelogramme DFEG, & prolongé CF pour avoir la Diagonale FG
le poids A foit au poids C comme DG
ou DF à GF, c'eft à dire (fuppofé que
DFE foit un angle droit) comme 1 à
√2. Auffi eft-ce que l'Experience verifiera fi Vous voulez prendre la peine

L 2

de

de l'essayer : Mais selon Vous le poids
A seroit au poids C comme le quarré
de D F au quarré de G F, ou comme 1
à 2 : Et ainsi le poids C seroit égal aux
deux poids A & B ensemble, ce qui re-
pugneroit manifestement à l'Experience,
outre que l'axiome general de Statique
seroit détruit, où on suppose, que le
commun centre de pesanteur de plusieurs poids agissans les uns sur les autres sera descendu le plus bas, quand
tous ces poids se seront mis en équilibre : Car il me sera facile de prouver
que si le poids C est supposé double du
poids A ou du poids B, & D F E un angle droit, le commun centre de gravité
des trois poids A, B, & C, ne sera pas
dans sa plus basse situation au dessous
de l'horizon D E, & que par consequent
il n'y aura point d'équilibre entre les
trois poids A, B & C ; mais si au contraire le poids C est supposé au poids
A ou B, comme $\sqrt{2}$ à 1, je demontre
aussi facilement, qu'alors le centre de
gravité se trouvera le plus bas qu'il est
possible, & partant que les trois poids
se soutiendront mutuellement en équilibre.

Mais j'apprehende, Monsieur, d'abu-
ser

ser de Vôtre patience ; je finis donc en Vous priant de me pardonner si Vous trouvez que j'ai peut-être eu tort de m'être tant étendu, & de Vous ennuyer par une si longue Lettre : mais je Vous prie de considerer qu'étant Etranger, je ne connois pas assez la langue Françoise pour employer les expressions les plus courtes & les plus propres à exprimer mes pensées ; cependant quoiqu'elles me manquent, j'en trouverai toûjours suffisamment lorsqu'il s'agira de Vous assûrer que je suis avec un profond respect,

MONSIEUR,

à Basle ce
12. Juillet 1713.

Vôtre trés-humble & trés-
obéissant Serviteur

J. B.

P. S. Je crois, Monsieur, qu'aprés tout ce que je viens d'écrire dans cette Lettre, il sera inutile de répondre au long aux trois prétenduës absurdités, auxquelles Vous dites que conduit le principe de Mr. Huguens ; principe qu'on a employé de tout temps dans la Mechanique & dans la Statique. Il suffit que

j'aver-

j'avertiſſe que la premiere de ces abſurdités pag 71. de Vôtre Memoire, vient
de ce que Vous ajoûtés les viteſſes que
le Vaiſſeau auroit par l'impreſſion ſur
chaque voile ſeparément, pour avoir la
Viteſſe quand les vents concourent, ce
qui n'eſt pas permis dans le plein comme dans le vuide par des raiſons ſuſdi-
tes.

Fig.
XXIV.
Car de ce que l'impulſion du vent
BK perpendiculaire ſur la voile ABC
donneroit au Vaiſſeau (ſi ce vent agiſſoit tout ſeul) la viteſſe (*) BP dans la
direction oblique BM (ſuppoſé le Vaiſſeau attaché à une corde infinie dans la
direction de la voile aBc, qui ſeroit perpendiculaire à BM); Et de ce que l'impulſion perpendiculaire ſur la voile DBE
du vent BL s'il agiſſoit ſeul, donneroit
au Vaiſſeau dans la même direction BM
la viteſſe Bu; Vous n'êtes pas en droit
d'en conclurre pag. 78. que la Viteſſe du
Vaiſſeau qui reſulte par le concours des
deux

(*) On ſuppoſe ici que BK & BL expriment
les Viteſſes que le Vaiſſeau étant libre auroit s'il
étoit pouſſé ſeparément par les deux Vents: KN
& Lu ſont perpendiculaires ſur la Diagonale BM:
BP eſt moyenne proportionelle entre BK & BN;
Et Bu eſt moyenne proportionelle entre BL &
Bo.

deux Vents sera $BP + Bu$, & par conséquent plus grande que BM; car Vous ne deviez conclurre autre chose, si non que cette Vitesse resultante dans la direction BM sera $\sqrt{BP^2 + Bu^2}$; puisque BP & Bu marquant les vitesses séparées, leurs quarrés BP^2 & Bu^2 marqueront les forces avec lesquelles le Vaisseau est poussé par chaque Vent dans la direction BM: Or quand les deux vents concourent, il est manifeste que ces deux forces seront jointes ensemble pour pousser le Vaisseau conjointement suivant BM; La force totale suivant cette direction sera donc $BP^2 + Bu^2$, & partant la Vitesse sera la racine de cette force, $\sqrt{BP^2 + Bu^2}$; & non point $BP + Bu$: Mais il est aisé de faire voir que $\sqrt{BP^2 + Bu^2}$ est plus petit que BM, & qu'ainsi l'apparente contradiction à la premiere partie de Vôtre Demonstration cesse: Car $BP^2 = BK \times BN = LM \times Mo$, & $Bu^2 = BL \times Bo$, donc $BP^2 + Bu^2 = LM \times Mo + BL \times Bo < BM \times Mo + BM \times Bo = BM^2$, donc $BP^2 + Bu^2 < BM^2$, & $\sqrt{BP^2 + Bu^2} < BM$. Vous voyez donc, Monsieur, que l'impression du vent MB perpendiculaire sur la voile aBc (que l'on suppose être

L 4   capa-

capable de donner au Vaiſſeau une viteſſe exprimée par M B, ſi ce vent ſouf-
floit tout ſeul ſur la voile *a B c*) doit
l'emporter dans Vôtre ſeconde ſuppoſition auſſi-bien que dans la premiere ſur
l'impreſſion qui réſulte du concours des
deux vents B K & B L, qui pouſſent perpendiculairement, le premier la voile
A B C, & le ſecond la voile D B E, & faire mouvoir le Vaiſſeau de B vers *m.*

Pour ce qui eſt des deux autres abſurdités rapportées dans les articles 35.
& 38. de Votre Memoire : Vous les prenez pour telles, mais ce ne ſont pas des
abſurdités dans mon opinion ; Car en
ſuppoſant la viteſſe du vent comme finie & comparable à celle du Vaiſſeau,
il ne me paroît pas abſurde ni impoſſible
(†) que la Viteſſe oblique d'un vaiſſeau
retenu par une corde infinie devienne
plus grande que la Viteſſe oblique du
Vent, & même plus grande que la directe : mais cela n'arrive pas quand on
ſuppoſe la viteſſe du vent incomparai-
blement plus grande que celle du Vaiſſeau dans la même direction.

Le

______

(†) La poſſibilité de ce paradoxe ſe prouvera
par la conſtruction que l'on donne à la fin de ce
Poſt - ſcriptum.

Le reſte des inconveniens dont Vous faites mention dans l'art. 36. ſe diſſipe d'abord, ſi Vous prenez la peine de conſiderer, que c'eſt à tort que Vous ſuppoſez ici un équilibre entre la ſomme des efforts des deux vents B K, B L ſur les deux voiles A B C, D B E, & l'effort du troiſiéme vent M B ſur la troiſiéme voile *a* B *c* : Car je Vous ai déja montré que de la maniere que Vous concevez la diſpoſition des voiles, & les vents, le troiſiéme le doit emporter ſur les deux autres ; Et que pour faire que ces trois voiles ſoient en équilibre entre elles, il faut diſpoſer la troiſiéme, enſorte qu'elle ſoit perpendiculaire non pas à la diagonale B M, mais à l'autre diagonale B H, & le troiſiéme vent doit être dans la direction H B & non pas M B, & ſa force doit être telle, que la viteſſe, qu'il imprimeroit au vaiſſeau s'il agiſſoit ſeul ſans le concours des autres, fût O B ou la moyenne proportionelle entre H B & K B ; que l'on trouvera être plus petite que M B : Si bien que ni la direction ni la force de ce troiſiéme vent, qui doit contrebalancer les deux premiers, ne répondent à celles que Vous determinez dans l'art. 32.

Fig. XXIV.

L 5

Avant

Avant que de finir, voici une solution generale, que j'ai trouvée du probleme, où on demande la vitesse oblique d'un Vaisseau retenu par une corde infinie dans le cas de la vitesse du vent finie & en raison donnée à la vitesse que le vaisseau, s'il n'étoit point retenu par la corde, auroit dans la direction du vent : Fig. XXVI. Soit donc le Vaisseau en B poussé par le vent BM, lequel je suppose qu'il donneroit au vaisseau, s'il étoit libre, la vitesse BM dans la route directe du vent BM : Soit aussi BQ la vitesse absoluë du vent : Que l'on prenne une route oblique BK quelconque, dans laquelle le Vaisseau soit obligé de se mouvoir par la corde infinie BZ perpendiculaire à la direction BK ; Tirez MK perpendiculaire, & MR parallele à BK, tirez aussi QRC & MH perpendiculaires à BQ : Soit MV moyenne proportionelle entre MQ & MR ; Elevez sur MV la perpendiculaire VT, qui rencontre BQ prolongé en T : joignez les deux points T & H par la droite TH, & tirez lui la parallele QS. Je dis que BS sera la vitesse du vaisseau, lorsqu'il est obligé par la corde infinie BZ de se mouvoir dans la route oblique BK : Ou si on aime

mieux

mieux une expression algebraïque ; soit
$BM = a$, $BQ = b$, $MQ\ (b-a) = c$,
$BS = x$; soit aussi $BK . BM :: 1 . n$; Je
dis que la Vitesse oblique du Vaisseau,
ou x sera $= \frac{nab}{a + cn\sqrt{n}}$. Je n'en mets pas
ici la preuve.

Pour contenter le Lecteur je veux
bien ajoûter à cette Lettre mon Analyse, qui lui tiendra lieu de Demonstration : Gardant donc les mêmes Lettres
& aprés avoir tiré SP perpendiculaire
sur BQ, il est clair que $BS\ (x)$ que l'on
suppose pour la Vitesse du vaisseau dans
la direction oblique BH, donne $BP\left(\frac{x}{n}\right)$
pour la vitesse avec laquelle le Vaisseau
fuit le vent dans sa direction BQ ; ain-
si ôtant BP de BQ on aura $PQ\left(b - \frac{x}{n}\right)$
pour la vitesse relative du vent, avec la-
quelle il vient heurter contre la Voile
du Vaisseau. Or les forces du vent sur
la voile étant en raison des quarrés de
ses vitesses relatives, & aussi égales aux
résistances de l'eau contre le Vaisseau s'il
alloit librement dans la direction du
vent, à cause de l'égalité entre les actions & les reactions ; il faut faire une
analogie entre les forces du vent & les
resistan-

refiftances de l'eau qui leur font égales en cette maniere : Comme la force du vent exprimée par MQ^2 (cc) quarré de fa viteffe relative eft à fa reaction, c'eft à dire à la réfiftance de l'eau exprimée par BM^2 (aa) quarré de la Viteffe du vaiffeau ; ainfi eft une autre force du vent exprimée par PQ^2 $\left(\overline{b - \frac{x}{n}}\Big|^2\right)$ quarré de fa viteffe relative à $\frac{aa}{cc} \times \overline{b - \frac{x}{n}}\Big|^2$, qui feroit la reaction où la refiftance de l'eau fi le vaiffeau étoit libre & qu'il fût pouffé par un vent dont la viteffe relative fût exprimée par PQ $\left(b - \frac{x}{n}\right)$. C'eft pourquoi faifant en vertu de la decompofition des forces, comme BK à BM c'eft à dire comme n à 1, ainfi la réfiftance $\frac{aa}{cc} \times \overline{b - \frac{x}{n}}\Big|^2$ contre le vaiffeau libre dans la direction BM, à la réfiftance xx contre le vaiffeau retenu par la corde dans la direction oblique BK ; on aura cette égalité $\frac{aa}{ncc} \times \overline{b - \frac{x}{n}}\Big|^2 = xx$, ou, en prenant les racines, celle-ci $\frac{a}{c\sqrt{n}} \times \overline{b - \frac{x}{n}} = x$; par la reduction de laquelle on trouve

$$x =$$

$x = \frac{n\,a\,b}{a + c\,n\sqrt{n}}$. Ce qu'il falloit trouver.

Si nous fuppofons la Viteffe du vent incomparablement plus grande que celle du vaiffeau, c'eft à dire que b foit comme infinie par rapport à a ; ce fera le cas de Mr. Huguens, dont nous avons amplement traité dans le Chap. V. Car c devient égal à b, & ainfi l'équation $x = \frac{n\,a\,b}{a + c\,n\sqrt{n}}$ fe change en celle - ci $x = \frac{n\,a\,b}{0 + b\,n\sqrt{n}} = \frac{a}{\sqrt{n}} =$ à la moyenne proportionelle entre B M & B K ; ce qui eft conforme aux art. 2. & 5. du Chapitre V.

Mais fi l'on fuppofe la Viteffe du vent comme égale à celle du vaiffeau, ce qui arriveroit fi la réfiftance de l'eau fe trouvoit infenfible par le peu de prife qu'elle auroit fur le Vaiffeau par rapport à celle que le vent auroit fur la voile qui feroit fort large ou d'une grande étenduë : alors il eft manifefte, que le Vaiffeau ne faifant aucune réfiftance par lui-même, feroit emporté avec toute la viteffe du vent, & par conféquent quelque route qu'il fût obligé de prendre par le moyen de la corde B Z, il fuiroit toûjours le vent avec la viteffe totale B Q

pour

pour ne point faire d'obstacle à la cour-
se du vent ; si bien que B S qui marque
la vitesse du vaisseau dans la route oblique deviendroit égale à toute l'hypo-
tenuse B C du triangle rectangle B Q C,
& partant plus grande que le coté B Q,
qui designe la vitesse absoluë ou totale
du vent : en effet cela est conforme à
notre formule generale ; car b devient

$= a$, & $c = 0$; donc $x = \dfrac{naa}{a + on\sqrt{n}} = na$

$= BC.$ Ce que je voulois demontrer
pour sauver la verité du paradoxe que
Mr. le Chevalier Renau regardoit comme une chose impossible & absurde.

RE'PON-

RÉPONSE

DE

Monsieur le Chevalier Renau
à L'AUTEUR,

Contenant des instances & des difficultés reiterées.

ONSIEUR,

J'Ai reçû la Lettre que Vous m'avez fait l'honneur de m'écrire, & je ne sçaurois trop Vous remercier, de la bonté que Vous avez euë, de vouloir bien examiner le Memoire, que j'ai pris la liberté de Vous envoyer, & de m'avoir fait part des remarques que Vous y avez faites. Vous vous expliquez si clairement, &

d'une

d'une maniere fi concife, qu'il me fera
aifé de revenir de mes erreurs, en cas
que je me fois trompé, mon deffein n'é-
tant que de connoître la verité, & de la
fuivre, au dépend même de mon opinion, étant perfuadé, que l'on ne gaigne
jamais tant, que lors que l'on fort de
quelque prévention, dans laquelle on
étoit malheureufement engagé, & que
l'on eft bien obligé aux perfonnes qui
veulent bien nous redreffer. Je Vous
fupplie donc trés - humblement, Monfieur, de vouloir bien me lever les difficultés, que j'ai, fur Vôtre maniere de
determiner la route & la viteffe du Vaiffeau, lors qu'il eft pouffé à la fois, par
deux vents qui donnent perpendiculairement fur deux voiles, qui font à angles
droits l'une à l'autre, & par confequent
la direction de l'un des vents perpendiculaire à la direction de l'autre.

Voici, Monfieur, ce que Vous dites :
Fig.
XXIV. *Soit donc le Vaiffeau en B, B K la direction &*
la viteffe uniforme qu'il auroit par la feule
impulfion du vent perpendiculaire fur la voile
A B C ; B L la direction & la viteffe unifor-
me que le même Vaiffeau auroit s'il étoit pouffé
feulement par le fecond vent perpendiculaire
fur la voile D B E : Soit B L prolongée en I,

enfor-

enforte que B I foit la troifiéme proportionelle
de B K à B L ; Soit achevé le rectangle B I H K ;
je dis que le Vaiffeau B pouffé par les deux
vents enfemble, ira non point dans la ligne
B M diagonale du rectangle B L M K, ni avec
la viteffe exprimée par B M, comme Vous le
prétendez, mais fuivant la direction B H diagonale du parallelogramme B I H K, & avec
la viteffe defignée par B O, moyenne proportionelle entre B H & B K.

Et Vous dites, Monfieur, que la demonftration n'en eft pas difficile, fi on
admet la compofition des forces, qui
eft le principe fondamental de toute la
Statique. J'en conviens avec Vous,
Monfieur, fuppofé que l'on puiffe admettre ce principe dans le cas dont il
s'agit. Mais voici les difficultés, qu'il
me femble qui fe préfentent contre Vôtre regle.

Le Vaiffeau allant donc fuivant B H
avec la viteffe B O, fa viteffe fuivant B L
fera B q, & fuivant B K fera B p fuppofant O q perpendiculaire à B I, & O p
perpendiculaire à B K. Or B O, B q, &
B p font entr'elles comme B H, B I & B K,
qui repréfentent par Vôtre hypothefe
les forces qui pouffent le Vaiffeau dans
ces directions ; donc les viteffes unifor-
M   mes

mes feroient entr'elles comme les forces, ou ce qui eft la même chofe, les
viteffes uniformes dans un milieu qui
refifte, feroient entr'elles comme les refiftances, car les refiftances font comme
les forces ; Ce qui feroit abfurde, parce que les refiftances font toûjours comme les quarrés des viteffes, comme vous
en convenez Vous - même Monfieur.

Vous direz à cela, qu'il ne s'agit pas
ici de comparer les refiftances laterales
qui ne font qu'ideales, & rien en effet, (ce
que nous examinerons ci - aprés) & qu'il
ne faut avoir égard qu'à la refiftance directe B O qui eft la feule réelle, j'y con-
fens fi l'on veut.

Pour en avoir une autre auffi directe
à lui comparer; foit fuppofé que la force qui pouffe le Vaiffeau fuivant B K foit
double de la force defignée par B K, &
que la force qui pouffe le Vaiffeau fuivant B I foit auffi double de la force defignée par B I; prolongeant B K en R enforte que B R foit double de B K, & B I
en S, enforte que B S foit double de B I;
B R defignera la nouvelle force avec laquelle le Vaiffeau fera pouffé fuivant
B K; & B S defignera celle avec laquelle il fera pouffé fuivant B I : Et par Vôtre

tre regle, Monſieur, le Vaiſſeau pouſſé par ces deux forces à la fois, doit aller ſuivant la direction B T diagonale du parallelogramme B S T R avec la viteſſe B X moyenne proportionelle entre B T & B R ; Mais comme B T n'eſt que B H prolongée en T, à cauſe des rectangles ſemblables, B H . B T :: B O . B X, c'eſt à dire, la force B H à la force B T comme la viteſſe B O à la viteſſe B X, c'eſt à dire que les viteſſes directes du Vaiſſeau ſeroient entr'elles comme les forces qui pouſſent le Vaiſſeau, ce qui ſeroit abſurde, car ces viteſſes ſont toûjours comme les racines des forces, ou ce qui revient au même, comme les racines des reſiſtances ; Voilà d'abord, Monſieur, une abſurdité qui ſuit neceſſairement de Vôtre regle.

En voici ce me ſemble une autre ; Vôtre force moyenne deſignée par B H étant moindre que la ſomme des deux forces qui la compoſent, ſçavoir la ſomme des forces deſignées par B K & B I ; il faudroit neceſſairement, qu'il y eut pour cela, de la force de détruite dans les deux forces compoſantes, ce qui ne peut pas être, la direction de la force B K étant perpendiculaire à la direction

M 2

de

de la force BI, & on n'aura pas de peine à en convenir ſi on fait reflexion,
qu'il n'y a point de force ſans viteſſe ;
or la force BK n'a point de viteſſe contre la force BI, ni BI contre BK ; d'où
il ſuit que ces deux forces ne ſe peuvent
rien détruire l'une à l'autre.

Suppoſons une force produite par le
mouvement d'un corps qui va du Nord
au Sud, & une autre force produite par
le mouvement d'un corps qui va de l'Eſt
à l'Oüeſt, comme dans le mouvement
du Nord au Sud, il n'y a nulle viteſſe
de l'Oüeſt à l'Eſt, la force du Nord au
Sud n'employe aucune partie de ſa force contre la force de l'Eſt à l'Oüeſt, car
là où il n'y a point de viteſſe contraire,
il n'y a nulle force contraire ; de même
la force de l'Eſt à l'Oüeſt ne détruit rien
de la force du Nord au Sud ; d'où il
ſuit, que ſi deux forces perpendiculaires
l'une à l'autre, agiſſoient en même temps
ſur un corps de toute leur force, ce
corps ſera pouſſé par une route moyenne avec une force qui ſera égale à la
ſomme des deux forces compoſantes ;
ce que l'on va encore prouver par un
autre exemple.

Suppoſons, que le Vaiſſeau en B ſoit
pouſſé

pouſſé par le plus grand vent que l'on
puiſſe imaginer, dont la direction ſoit
ſuivant B F & qui donne perpendiculairement ſur la voile D B E ; le Vaiſſeau
décrira par ſa route la ligne droite B F,
parce qu'il ſera également preſſé de deux
cotés de cette ligne ; mais ſi dans ſa mar-
che, il venoit à être plus preſſé de la
droite de cette ligne à la gauche, que de
la gauche à la droite, à l'inſtant il ſe dé-
tourneroit & iroit vers la gauche, & il
ne décriroit plus la ligne B F par la raiſon qu'un corps va toûjours du cote
vers lequel il eſt plus pouſſé ou plus
preſſé.

Suppoſons donc que le Vaiſſeau étant
pouſſé par ce grand vent B F, & décrivant par ſon mouvement uniforme, la
ligne droite B F, il lui ſurvienne le plus
petit vent que l'on puiſſe imaginer, &
que ſa direction ſoit ſuivant B G perpendiculaire à B F, donnant perpendiculairement ſur la voile A B C, qui eſt à angle droit avec la voile D B E ; la viteſſe
du vaiſſeau quelle qu'elle puiſſe être ſuivant B F n'empêchera pas, que le vent
B G ne donne toûjours ſur la voile A B C
avec une même viteſſe, & ne pouſſe le
Vaiſſeau ſuivant B G avec la même for-

ce,

ce, que si le Vaisseau ne se mouvoit
point suivant B F, parce que le vent allant par tout parallelement à lui-même,
il rencontrera la voile A B C par tout où
elle sera, toûjours de la même maniere,
c'est à dire, toûjours perpendiculairement, & avec la même vitesse, puisque
le Vaisseau, par son mouvement suivant
B F, ne fuit en aucune maniere ce vent,
ni ne va au-devant de lui ; par consequent le Vaisseau, qui étoit également
pressé des deux côtés de la ligne B F,
dans le temps qu'il décrivoit la ligne
B F ; Ce vent B G si petit qu'il puisse
être survenant, & pouffant le Vaisseau
suivant B G, le Vaisseau sera alors plus
poussé de B vers G, qu'il ne sera pressé
de G vers B ; ainsi le coté de G doit necessairement ceder, & le Vaisseau se mouvoir de ce coté-là, augmentant de vitesse, jusqu'à ce que la resistance de l'eau
en sens contraire soit égale à la force du
vent B G sur la voile A B C, aprés quoi
il continuera à aller suivant B G d'un
mouvement uniforme. Voilà donc la
plus grande force que l'on puisse imaginer suivant B F, qui ne détruit point
la plus petite force que l'on puisse imaginer suivant B G, qui lui est perpendi-
culai-

culaire, puisque cette derniere fait son effet malgré l'autre; d'où il me paroit que l'on peut conclurre, que les forces dont les directions sont perpendiculaires, ne se détruisent en rien, & que si elles agissent sur un corps, qui donne lieu par sa résistance, que chacune d'elle agisse de toute sa force, ce corps sera poussé par une force qui sera égale à la somme des deux.

On verra encore les mêmes verités, si on les considere, par les resistances que le Vaisseau trouve à fendre l'eau, parce qu'elles doivent être égales aux forces qui poussent le Vaisseau.

Supposons que le Vaisseau aille suivant BH avec la vitesse BO, il va en même temps suivant BI avec la vitesse Bq, & suivant BK avec la vitesse Bp; ainsi la vitesse BO suivant BH forme ces deux dernieres vitesses, & reciproquement ces deux dernieres vitesses, sçavoir la vitesse Bp suivant BK, & la vitesse Bq suivant BI, forment necessairement la vitesse BO suivant BH; Or les resistances sont comme les quarrés des vitesses, donc le Vaisseau allant suivant BH avec la vitesse BO, trouve une resistance suivant BK comme le

M 4   quar-

quarré de Bp, & suivant B I une comme
le quarré de Bq; Ce qui doit être aussi
neceſſairement, puiſque dans le mouvement du Vaiſſeau ſuivant B H avec la
viteſſe B O, le vent B G continue à donner perpendiculairement ſur la voile
A B C, avec la même viteſſe & la même
force qu'il donneroit, ſi le Vaiſſeau ne
ſe mouvoit que ſuivant B K avec la viteſſe Bp, & trouve auſſi par conſequent
la même reſiſtance en ſens contraire,
c'eſt à dire une reſiſtance comme le
quarré de Bp; le vent B F donne auſſi
perpendiculairement ſur la voile D B E,
avec la même viteſſe & la même force
qu'il donneroit ſi le Vaiſſeau n'alloit que
ſuivant B I avec la viteſſe Bq; car ſans
cette reſiſtance qui eſt réelle, le vent B F
pouſſant continuellement le Vaiſſeau
ſuivant B F, le feroit aller à la fin de ce
coté-là auſſi vîte que le vent va lui-même; d'où il ſuit, que de même que la
viteſſe Bq ſuivant B I, & la viteſſe Bp
ſuivant B K forment neceſſairement la
viteſſe B O ſuivant B H; les reſiſtances
de ces viteſſes, c'eſt à dire la reſiſtance
de la viteſſe Bp qui eſt comme Bp^2, &
la reſiſtance de la viteſſe Bq, qui eſt comme Bq^2, compoſeront & formeront ne-
ceſſai-

cessairement la resistance de la vitesse BO suivant BH qui est comme BO^2; & reciproquement la resistance de la vitesse BO suivant BH, forme necessairement les deux autres ; Et comme dans le mouvement uniforme, il faut necessairement que les forces qui poussent le Vaisseau soient égales aux resistances en sens contraire, il est évident que la force avec laquelle le Vaisseau est poussé suivant BO qui est comme BO^2, est égale à la force avec laquelle le Vaisseau est poussé suivant Bp qui est comme Bp^2, plus à la force avec laquelle le Vaisseau est poussé suivant Bq qui est comme Bq^2; Et l'on trouve aussi que $BO^2 = Bp^2 + Bq^2$.

Toutes ces verités me paroissent si liées les unes aux autres, & je les crois voir si clairement, & si distinctement, que je serai l'homme du monde le plus surpris, Monsieur, aussi-bien que d'autres Personnes incomparablement plus éclairées que moi, si l'on peut demontrer avec évidence le contraire ; Jusqu'à cette heure on ne m'a objecté que le principe de Statique, duquel Vous me parlez aussi Monsieur ; Mais je ne trou-

M 5

ve

ve pas que ce principe faſſe rien à mon affaire. Voici pourquoi.

Dans l'exemple de Statique que Vous me donnez, Monſieur, des trois poids en équilibre, comme on ſuppoſe que le poids C tirant ſuivant G F perpendiculairement à l'horizon, il tire en même temps obliquement ſuivant E F & ſuivant D F, & que c'eſt une même maſſe C, qui tire en même temps ſuivant ces trois directions, les forces avec leſquelles il tirera ſuivant ces trois directions, ſeront comme les viteſſes avec leſquelles il tendra auſſi à ſe mouvoir ſuivant ces trois directions, c'eſt - à - dire, comme les trois lignes G F, E F & D F ; parce que la force étant le produit de la maſſe par la viteſſe, ici la maſſe étant toûjours la même, les forces ſeront comme les viteſſes. Ce qui eſt bien different du cas dont il s'agit, car la force du vent B F qui donne perpendiculairement ſur la voile D B E, & avec laquelle le Vaiſſeau eſt pouſſé ſuivant B F, eſt le produit d'une maſſe & d'une viteſſe differente ; de la maſſe & de la viteſſe qui produiſent la force du vent B G, qui donne perpendiculairement ſur la voile A B C, & qui pouſſe le Vaiſſeau

suivant

suivant B G ; Ces maſſes ſont toûjours comme les viteſſes, c'eſt ce qui fait que les forces ſont toûjours comme les quarrés des viteſſes, & ne peuvent par conſequent jamais être comme les viteſſes ; au lieu que dans l'exemple de Statique ſuppoſant que c'eſt la même maſſe qui tire en tous ſens ; il eſt neceſſaire que les forces ſoient comme les viteſſes avec leſquelles cette même maſſe tend à ſe mouvoir, ce qui fait que la regle de Statique pour la compoſition des mouvemens ne peut pas être admiſe dans le cas du Vaiſſeau pouſſé par deux vents, dont la direction eſt perpendiculaire l'une à l'autre, & qui donnent perpendiculairement ſur deux Voiles ; à moins que Vous ne regardiez la force intrinſeque du Vaiſſeau, c'eſt à dire une force que le Vaiſſeau auroit reçuë en ſoi, & avec laquelle il agiroit, de même que le poids C agit par ſa peſanteur, & qu'enſuite Vous ne raiſonniez ainſi ; Le Vaiſſeau agit en tous ſens avec ſa maſſe qui eſt toûjours la même, ainſi la force avec laquelle il agira en tous ſens, ſera comme la viteſſe avec laquelle il ira. Mais il me paroît trés-clairement & trés-diſtinctement qu'il y auroit en cela une

Fig.
XXV.

fort

fort grande équivoque, comme je le vas faire voir.

Fig. XXIV. Le Vaiſſeau étant pouſſé par le vent BF, qui donne perpendiculairement ſur la voile DBE, doit aller de plus en plus ſuivant BF, juſqu'à ce que la reſiſtance qu'il trouvera en ſens contraire, ſoit préciſement égale à la force du vent ſur la Voile, aprés quoi il doit continuer avec la viteſſe qu'il aura alors, ne pouvant plus rien y avoir qui puiſſe augmenter ni diminuer cette viteſſe, par la raiſon que la force avec laquelle le vent pouſſe continuellement le Vaiſſeau, & qu'il l'entretient dans ſon mouvement uniforme, fait naître neceſſairement une reſiſtance en ſens contraire de la part de l'eau, qui lui eſt toûjours égale ; ce qui fait que le Vaiſſeau ſe trouve enſuite continuellement en équilibre entre la force du vent qui le pouſſe d'une part, & la reſiſtance de l'eau qui le repouſſe de l'autre, & qu'il doit aller dans cet état, quoique dans un milieu qui reſiſte, comme s'il ſe mouvoit dans le vuide ; Et en tout cela la force intrinſeque du Vaiſſeau n'y entre pour rien, & n'agit contre rien le Vaiſſeau allant comme il ſeroit dans le vuide. Le vent BG donnant

nant auſſi perpendiculairement ſur la voile A B C, ni plus ni moins que ſi le Vaiſſeau n'alloit point ſuivant B F, comme on le vient de faire voir ci-devant, fera auſſi aller le Vaiſſeau de plus en plus ſuivant B K, juſqu'à-ce que la reſiſtance en ſens contraire ſoit égale à la force du vent ſur la voile, & ira enſuite ſuivant B K avec une viteſſe uniforme, & comme s'il alloit dans le vuide ; Voilà donc le Vaiſſeau, qui va en même temps ſuivant B F & ſuivant B K, comme s'il alloit dans le vuide, c'eſt-à-dire, comme s'il n'étoit plus pouſſé ni arrêté par rien. D'où on peut conclurre certainement ce me ſemble :

1°. Que le Vaiſſeau ira ſuivant & avec la viteſſe exprimée par la diagonale d'un parallélogramme, qui a pour l'un de ſes côtés la ligne qui exprime la viteſſe que le Vaiſſeau a ſuivant B F, & pour l'autre la ligne qui exprime ſa viteſſe ſuivant B K, puiſque par toute autre route, & avec toute autre viteſſe, il ne ſatisferoit point à ces deux viteſſes indiſpenſables ; de maniere que ſi la viteſſe uniforme du Vaiſſeau ſuivant B F, eſt exprimée par B L & ſuivant B K par B K, il doit neceſſairement aller par B M

quoi-

quoique dans un milieu qui refifte avec la Viteffe exprimée par B M diagonale du parallelogramme B L M K, comme s'il alloit dans le vuide, avec cette dif-férence cependant, que dans le vuide il iroit auffi vîte que le vent, & qu'ici il ne va qu'avec la viteffe qui eft necef-faire pour rendre la refiftance que le Vaiffeau trouve à fendre l'eau, égale à la force du vent fur la voile, ce qui fait qu'il va comme s'il alloit dans le vuide, comme s'il n'y avoit rien qui refiftât à fon mouvement.

2°. Que la force avec laquelle ces deux vents pouffent le Vaiffeau fuivant B M étant égale à la refiftance de l'eau qui eft égale à BM^2, elle fera égale à la fomme des deux forces des deux vents, parce que $BM^2 = BL^2 + BK^2$, qui font les forces des deux vents.

3°. Que la refiftance fuivant la dia-gonale B M eft égale à la fomme des deux refiftances laterales.

4°. Que la force intrinfeque du Vaif-feau n'agit contre rien & ne fait rien pour determiner les viteffes ni les roû-tes du Vaiffeau.

Ainfi

Ainfi je ne vois pas ce que le principe de Statique, que l'on m'oppofe, fait
à mon affaire, dans laquelle je ne fuppofe que deux principes, dont tout le
monde convient, fçavoir, que les forces des fluides font comme les quarrés
de leurs viteffes, pour l'un; & l'autre,
que tout corps fe meut toûjours du
côté vers lequel il eft plus poufsé, même dans l'eau, fuppofant comme Vous,
Monfieur, que l'eau s'oppofe fuivant
Vôtre premiere maniere que Vous expliquez par des fils difpofez fuivant
des cercles concentriques; Et je ne
crois pas que dans tous mes raifonne-
mens on puiffe me citer rien qui ne
foit tiré directement & confequemment
de ces principes, & que le tout foit une
fuite necefsaire; fi cela n'eft pas, je
Vous fupplierai de m'en marquer les
endroits.

Je ne ferai cependant bien fatisfait,
Monfieur, que lors que je n'aurai plus
contre moi une Authorité auffi grande
qu'eft la Vôtre dans mon efprit; Et
parce qu'auffi on ne peut pas être

avec

avec plus d'eftime & de refpect que je fuis,

MONSIEUR,

à Paris le
15. 7bre 1713.

Vôtre trés - humble & trésobéiffant Serviteur

RENAU.

J'aurai l'honneur de Vous écrire, Monfieur, fur les autres endroits de Votre Lettre qui regardent mon Memoire, comptant que Vous ne trouvez pas mauvais que l'on cherche à s'inftruire & à voir clair.

LETTRE

LETTRE II.
DE L'AUTEUR
à
Monsieur le Chevalier Renau,
Contenant une ample Solution des inſtances
& des difficultés faites dans la
Réponſe précedente.

ONSIEUR,

SI pour complaire à une Perſonne que
l'on eſtime, il étoit permis d'embraſ-
ſer aveuglément ſon opinion bien - ou
mal - fondée, je Vous proteſte que je ſe-
rois l'homme du monde le plus porté à
Vous ſacrifier mes lumieres & à acquieſ-
çer, s'il m'étoit poſſible, à la vraiſemblance

N

semblance de Vos raisonnemens, tant
ils sont assaisonnez d'honnêtetés & d'expreffions engageantes. Mais je sçai que
ce que Vous exigez de moi, n'est pas
une complaisance aveugle ; Les Mathematiciens ne se payent pas de compli-
mens, ils veulent des raisons & des raisons solides ; Il faut convaincre ou être
convaincu, il n'y a point de milieu.
Vous me marquez, Monsieur, que Vous
ne serez satisfait, que lorsque Vous n'aurez plus contre Vous mon autorité, ce
sont les sentimens où je suis à l'égard de
la Vôtre : Cependant comme dans les
Mathematiques l'autorité n'est contée
pour rien, à moins qu'elle ne soit elle-
même appuyée sur de fortes preuves ;
tâchons de nous en donner mutuellement, jusqu'à-ce que l'évidence de la
verité ait disfipé l'erreur de quelque côté qu'elle se trouve : Ce n'est pas que
je ne sois déja convaincu par la force de
mes demonstrations que l'erreur n'est
pas de mon côté, aussi ce que j'en dis,
Monsieur, n'est que pour Vous faire voir
combien je serois disposé à deferer à Vos
raisonnemens si le moindre doute trou-
bloit l'évidence de mes preuves.

J'avoüe, Monsieur, que ce n'est pas
sans

fans raifon que Vous êtes prévenu en faveur de Vôtre Theorie ; elle eft fi fimple & fi commode, & l'on en tireroit
un fi grand avantage pour la Navigation, que c'eft en verité dommage, qu'elle foit moins fondée fur la verité que fur
la vraifemblance. Je fçai de plus, Monfieur, que la charge importante que
Vous occupez & que Vous rempliffez fi
dignement, Vous a engagé à faire part
au public de Vôtre Theorie ; elle a même été publiée par un Ordre exprés de
Sa Majefté : Cet Ouvrage a été reçû
avec applaudiffement par les Sçavans ;
Et la plûpart d'entre Eux, qui ne l'ont
pas examiné avec affez de foin, fe font
laiffé entrainer à la voix publique & ont
été frappez de l'éclat de Vos Demon-
ftrations. Le moyen donc d'abandon-
ner legerement une Theorie fi bien in-
ventée ? Pour moi, Monfieur, rien de
femblable ne m'engage à défendre mon
fentiment avec opiniatreté : La Theorie
que je propofe eft trés-difficile & trés-
compliquée, elle n'a point l'attrait char-
mant de la fimplicité, & aucune raifon
d'interêt ou de reputation ne m'oblige à
la foûtenir, n'ayant encore rien publié
fur cette matiere ; au contraire, fur le

N 2

rap-

rapport imparfait & confus qu'on m'avoit fait de Vôtre difpute avec Mr. Huguens, je m'étois au commencement declaré en Vôtre faveur, enforte que fi j'embrafle aujourd'hui un fentiment oppofé au Vôtre, Vous devez être perfuadé, que c'eft le feul interêt de la verité qui m'y a porté; ce qui doit naturellement faire préfumer, que je ne me fuis rendu qu'à des preuves inconteftables. Je fouhaiterois feulement de pouvoir Vous developper cette verité avec autant d'évidence que je la conçois. Pour cet effet, Monfieur, je Vous fupplie de vouloir bien m'accorder une attention défintereflée & dépouillée de tous préjugés. Je tâcherai premierement, de lever Vos difficultés fur ma Regle de determiner la Route & la Vitefle d'un Vaifleau ; enfuite je demontrerai cette même Regle par le principe ordinaire de Statique fondé fur la compofition des forces.

Fig.
XXIV.
Pour ce qui eft de Vos difficultés, voici en quoi elles confiftent : Selon ma Regle, je prétendois, & je prétens encore que fi B K marque la direction & la vitefle uniforme qu'auroit le Vaifleau par la feule impulfion du vent perpen-

dicu-

diculaire fur la voile A B C ; & B L la
direction & la vitefle uniforme du Vaiffeau pouffé feulement par le fecond vent
perpendiculaire fur la voile D B E ; la
direction du Vaiffeau pouffé par les
deux vents enfemble fera B H diagonale du rectangle B I H K fait par les cotés
B K & B I troifiéme proportionelle de
B K à B L ; & la vitefle fera defignée par
B O moyenne proportionelle entre B H
& B K. Vous croyez, Monfieur, que
cette Regle mene à des contradictions,
ce que Vous voulez faire voir par deux
differentes conclufions, à la premiere
defquelles il eft fi aifé de répondre, que
Vous avez prévù Vous-même la répon-
fe que j'y ferois : Car après avoir rapporté la prétenduë abfurdité en ces termes ; *Le Vaiffeau allant donc fuivant B H a-*
vec la vitefse B O , fa vitefse fuivant B L fera
B q , & fuivant B K fera B p , fuppofant O q
perpendiculaire à B I , & O p perpendiculaire
à B K. Or B O , B q , & B p font entre elles
comme B H, B I, & B K, qui repréfentent par
Vôtre hypothefe les forces qui pouffent le Vaif-
feau dans ces directions, donc les Viteffes uni-
formes feroient entre elles comme les forces,
ou ce qui eft la même chofe, les vitefses uni-
formes dans un milieu qui refifte , feroient en-

N 3

tre

tré elles comme les resistances, car les resistan-
ces sont comme les quarrés des Vitesses, com-
me Vous en convenez Vous-même : Aprés
avoir, dis-je, rapporté cette prétenduë
absurdité, Vous remarquez fort à propos, que je dirai à cela, *qu'il ne s'agit pas*
ici de comparer les resistances laterales qui ne
sont qu'ideales, & rien en effet, & qu'il ne
faut avoir ézard qu'à la resistance directe BO
qui est la seule réelle : Vous promettez
même *d'y consentir si l'on veut ;* Non,
Monsieur, je ne le veux pas de Vous par
honnêté, mais j'espere que la verité mi-
se dans tout son jour Vous y obligera.
J'atoûterai ici seulement en passant, que
les vitesses étant toujours simples à pro-
prement parler, ne se resolvent pas comme les forces en vitesses laterales, mais
que ce sont plûtôt leurs determinations
qui se resolvent ; ainsi il falloit dire *que*
le Vaisseau allant suivant B H avec la vitesse
B O, la determination de la même vitesse sui-
vant B L sera B q & suivant B K sera B p,
ce qui ne renferme aucune absurdité.

Passons à l'autre objection, qui paroît
avoir plus de fondement d'autant que la
conclusion est directement contre ma
Regle, & qu'il n'est pas si aisé d'en découvrir le défaut : j'en ai pourtant le
dénoûe-

dénoüement ; mais voyons auparavant comment Vous raiſonnez ; Vous convenez d'abord, comme je viens de le dire, qu'il ne s'agit pas ici de comparer les reſiſtances laterales, qui ne ſont qu'ideales, puis Vous continuez, Monſieur, en ces termes : *Pour en avoir une autre (reſiſtance) auſſi directe à lui comparer, ſoit ſuppoſé que la force qui pouſſe le Vaiſſeau ſuivant BK ſoit double de la force deſignée par BK, & que la force qui pouſſe le Vaiſſeau ſuivant BI ſoit auſſi double de la force deſignée par BI ; prolongeant BK en R, enſorte que BR ſoit double de BK, & BI en S, enſorte que BS ſoit double de BI ; BR deſignera la nouvelle force avec laquelle le Vaiſſeau ſera pouſſé ſuivant BK, & BS deſignera celle avec laquelle il ſera pouſſé ſuivant BI ; Et par Vôtre regle le Vaiſſeau par ces deux forces à la fois, doit aller ſuivant la direction BT, diagonale du parallelogramme BSTR avec la viteſſe BX moyenne proportionelle entre BT & BR ; mais comme BT n'eſt que BH prolongée en T ; à cauſe des rectangles ſemblables BH . BT :: BO . BX, c'eſt-à-dire, la force BH à la force BT, comme la viteſſ BO à la viteſſ BX, c'eſt-à-dire, que les viteſſes directes du Vaiſſeau ſeroient entre elles comme les forces qui pouſſent le Vaiſſeau, ce qui ſeroit abſurde,*

N 4

car

car ces Viteſſes ſont toûjours comme les raci-
nes des forces, ou ce qui revient au même,
comme les racines des reſiſtances. Voilà,
Monſieur, Vôtre raiſonnement, qui a
bien la mine d'être dans les formes ; je
conviens qu'il le ſeroit, & qu'il détrui-
roit par conſequent ma regle, ſi ce que
Vous ſuppoſez étoit vrai, que ſelon elle
B X moyenne proportionelle entre B T
& B R deſigne la viteſſe du Vaiſſeau
pouſſé à la fois par les deux forces B R
& B S doubles des forces B K & B I.
Mais je nie que B X en conſequence de
ma regle doive être la viteſſe du Vaiſſeau : Il eſt vrai-ſemblant, je l'avoüe,
que comme B O moyenne proportionelle entre B H & B K marque ſelon ma
regle la viteſſe du Vaiſſeau pouſſé à la
fois avec les forces ſimples B K & B I,
de même B X moyenne proportionelle
entre B T & B R marquera la viteſſe du
Vaiſſeau pouſſé à la fois avec les forces
doubles B R & B S : Cependant cette
analogie de raiſonnemens ne peut pas
avoir lieu ici, & ſi on entre bien dans le
vrai ſens de ma regle, on verra que la
viteſſe du Vaiſſeau dans ce cas des forces doubles ſera exprimée par B Z moyenne proportionelle entre B T & B K,

& non

& non point entre B T & B R. Pour Vous en faire comprendre la raison, souvenez - Vous, Monsieur, que dans les conftructions Geometriques, où il s'agit d'exprimer la proportion des quarrés par des lignes droites, on en choifit une arbitraire pour l'unité, laquelle é-tant une fois pofée, il faut s'y tenir dans tout le cours de la conftruction, n'étant pas permis de prendre pour l'unité tantôt une ligne tantôt une autre fans donner dans le paralogifme. Or dans la conftruction que prefcrit ma regle, j'ai pris B K pour l'unité ; car comme B K & B L marquoient par hypothefe les viteffes uniformes, que le Vaiffeau auroit s'il étoit pouffé féparement dans les di-rections B K & B L ; il étoit neceffaire de faire un parallelogramme K I dont les côtés B K & B I fuffent comme les quarrés des Viteffes, pour exprimer la pro-portion des forces des deux vents ; & partant pour conftruire ces deux cotés dans ladite proportion, j'ai pris pour rendre la conftruction d'autant plus fa-cile & abregée, une des viteffes elle-même, fçavoir B K, pour l'unité, faifant B I troifiéme proportionelle de B K à B L, car de cette maniere on aura $B K^2$.

N 5

$B L^2$

BL² :: BK . BI ; enforte que c'eft en
conféquence d'une fuppofition arbitraire que la même ligne BK marque ici en
même temps l'unité, une viteffe du
Vaiffeau & une force du premier vent.
Or puifque BH diagonale du parallélogramme KI doit exprimer neceffairement (en vertu de la compofition des
forces, que l'on peut appliquer à ce cas-
ci, auffi-bien qu'à deux poids qui en
tirent obliquement un troifiéme, comme je l'expliquerai ci - aprés) la force
moyenne, avec laquelle le Vaiffeau eft
pouffé par l'action des deux vents enfemble : Pour trouver donc la Viteffe
uniforme du Vaiffeau dans la direction
BH, qui produife une refiftance de l'eau
égale à cette force moyenne refultante
de l'action des deux vents enfemble ;
il eft manifefte que l'on doit prendre la
racine de BH, ce qui fe fait en prenant
BO moyenne proportionelle entre BH
& l'unité, c'eft-à-dire entre BH & BK,
puifque j'ai pris BK pour l'unité. Il en
eft donc de même des forces BR, BS,
doubles de BK, BI ; celle qui en refulte fera BT diagonale du parallelogramme RS ; & la viteffe du Vaiffeau fera
√BT, ou BZ moyenne proportionelle

entre

entre B T & l'unité, c'est à dire entre B T & B K, & non pas B X moyenne proportionelle entre B T & B R, comme Vous l'avez fait en admettant tacitement deux differentes unités, ſçavoir B K & B R, contre la Loi d'une bonne conſtruction.

Je vois bien au reſte, que la ſimplicité que j'ai affectée dans ma conſtruction, Vous a donné lieu d'en tirer cette conſequence quoique illegitime ; car ſi ſans avoir égard à la ſimplicité, j'avois exprimé l'unité par une autre ligne priſe à diſcretion, j'aurois trouvé une même longueur pour B O, & Vous n'auriez pas eu l'occaſion de faire Votre objection, mais la conſtruction en auroit été un peu plus longue, dont voici la maniere de s'y prendre.

Soit comme auparavant B K la viteſſe uniforme que le Vaiſſeau auroit par la ſeule force du vent, qui donne ſur la voile A B C ; & B L la viteſſe uniforme imprimée au Vaiſſeau ſi le ſecond vent agiſſoit tout ſeul ſur la voile D B E ; Soit maintenant N une ligne quelconque priſe pour l'unité, que l'on faſſe B Q = à la troiſiéme proportionelle de N à B K, & B t = à la troiſiéme propor-
tionel-

tionelle de N à B L : Soit achevé le parallelogramme Q B T V. Je dis que le Vaisseau étant poussé par les deux forces ensemble, ira dans la diagonale B V, & avec une vitesse B O exprimée par la moyenne proportionelle entre B V & l'unité N.

Je ne pense pas qu'il soit besoin, de prouver au long, que cette derniere construction ici & celle de ma Lettre précedente donnent tout à fait la même chose, tant pour la direction de la route que pour la vitesse : Car $B Q \left(\frac{BK^2}{N}\right)$. $B t \left(\frac{BL^2}{N}\right) :: BK^2 . BL^2 :: BK . BI$, donc les parallelogrammes Q t & K I, font femblables, & par consequent leurs diagonales B V & B H font fur une même ligne droite, ou dans une même direction : De plus par ma premiere construction on a $BO^2 = BH \times BK$, & par la seconde $BO^2 = BV \times N$; mais à cause de $N . BK :: BK . BQ :: BH . BV$, on a $BH \times BK = BV \times N$, d'où il suit que B O de la premiere construction, est égale à B O de la seconde.

Que si Vous faites maintenant l'application de la seconde construction au
cas,

cas, qui fait le fujet de Vôtre objection,
en prenant les forces laterales doubles
de B Q & B t ; & en gardant toûjours la
même ligne N pour l'unité, Vous trouverez que l'abfurdité apparente que
Vous m'avez objectée, difparoîtra entierement.   Voilà donc, Monfieur, Vos
deux plus grandes difficultés levées :
ce que Vous ajoûtez enfuite partie pour
appuyer ces mêmes difficultés, partie
pour confirmer Votre opinion, ne font
a ce qui me femble, que des repetitions
de ce que Vous avez amplement déduit
dans Votre Memoire, exprimées fous
d'autres expreffions, ou tout au plus ce
ne font que des argumens, qui y reviennent par un petit changement, deforte que je Vous cauferois peut-être
de l'ennui, fi à Vôtre exemple je reïte-
rois de même les réponfes que je Vous
ai déja données dans ma premiere Lettre, d'autant plus que la folution que
je viens de donner à Vos difficultés, &
la verité mife dans tout fon jour & bien
affermie par la demonftration que je
m'en vais Vous communiquer, Vous
mettra en état de pouvoir Vous fatisfai-
re Vous-même fur toutes les difficultés
qui pourroient encore vous refter.

Cepen-

Cependant pour répondre en peu de mots à l'objection sur laquelle Vous insistez le plus fortement, je remarquerai, Monsieur, que Vous abusez du terme de *composition* des forces, en lui donnant une signification trop étroite, comme si c'étoit une composition de parties *integrantes* dont il se fait un *tout composé*, au lieu que ce n'est qu'une combinaison des forces laterales, dont il résulte une force moyenne égale à une troisiéme directement opposée, laquelle quoiqu'inégale à la somme des deux laterales, ne laisse pas de les tenir en équilibre, ou de les contrebalancer, par la seule disposition de sa direction, comme on le peut faire voir par une infinité d'exemples de Statique, où un petit poids en tient suspendu un plus grand.

Quoi qu'il en soit ce raisonnement que Vous faites en ces mots, *Vôtre force moyenne designée par B H étant moindre que la somme des deux forces qui la composent, sçavoir la somme des forces designées par B K & B I; il faudroit necessairement qu'il y eut pour cela de la force de détruite dans les deux forces composantes, ce qui ne peut pas être, la direction de la force B K étant perpendiculaire*

laire

laire à la direction de la force *B I* ; & on n'aura pas de peine à en convenir si l'on fait reflexion, qu'il n'y a point de force sans vitesse ; or la force *B K* n'a point de vitesse contre la force *B I*, ni *B I* contre *B K* : D'où il suit que ces deux forces ne se peuvent rien détruire l'une à l'autre : Ce raisonnement, dis-je, n'est pas plus concluant que cet autre, par lequel un certain Italien prétendoit autrefois détruire une proposition de Statique incontestable en elle-même, qui est que *le moment ou la force avec laquelle une boule tâche de descendre sur un Plan incliné, est au poids absolu de la boule comme la hauteur perpendiculaire de ce Plan à sa longueur :* Car de ce qu'en considerant la boule soutenuë par deux Plans inclinés qui font ensemble un angle droit ; il voyoit que la somme des deux forces avec lesquelles les deux plans font pressez par la boule, seroit par cette proposition plus grande que la force totale ou le poids absolu de la boule ; il croyoit mal à propos que cela étoit une absurdité ; voyez les Actes de Leipsic de l'Année 1684. pag. 512.

Si Vous prenez la peine, Monsieur, de reflêchir un peu sur l'état de notre question,

queſtion, Vous verrez que Vôtre raiſonnement eſt fort peu different de celui
de cet Italien, de même que les deux
ſujets different auſſi fort peu entre eux,
je me hazarde même de dire, que tous
deux ſe reduiſent à la même choſe, voici comment : La boule peut repréſenter
le Vaiſſeau ; le poids abſolu de la boule & ſa direction verticale repréſentent
la force de la réſiſtance de l'eau, & la
route du Vaiſſeau ; & enfin les efforts
que les deux plans inclinés employent
à ſoûtenir cette boule, ſe rapportent
aux deux forces, avec leſquelles les
deux voiles du Vaiſſeau ſont pouſſées.
On pourroit donc former ici la même
objection que Vous faites, en diſant que
les forces paſſives ou les efforts, avec leſquel
les la boule eſt repouſſée par les Plans, & les
Directions deſquelles ſont perpendiculaires, ne
ſe détruiſent en rien, & que ſi elles agiſſent
ſur la boule qui donne lieu par l'action de
ſon poids, que chacune d'elles agiſſe de toute
ſa force, cette boule ſera pouſſée par une force
qui ſera égale à la ſomme des deux &c. Cependant la veritable Statique nous apprend, que la ſomme de ces deux forces paſſives des Plans eſt plus grande
que le poids abſolu de la boule, & par
con-

conſequent plus grande que la force
moyenne paſſive, avec laquelle la boule eſt repouſſée verticalement en haut,
& qui doit être égale au poids abſolu,
à cauſe de l'égalité entre l'action & la
reaction.

Je Vous entens déja repliquer que
*Vous ne trouvez pas que cet exemple, non
plus que le principe de Statique, duquel je
Vous ai parlé dans ma précedente, faſſe rien
à Vôtre affaire, Vous direz, Monſieur, qu'un
poids qui tend ou qui tire perpendiculairement à l'horizont, tend ou tire en même
temps obliquement, & que c'eſt toûjours une
même maſſe qui agit ſuivant toutes les directions, & par conſequent que les forces de ce
poids ſuivant toutes les directions ſeront comme les viteſſes avec leſquelles il tendra auſſi
à ſe mouvoir; au lieu que la force du vent
conſiſte dans le produit d'une maſſe & d'une
viteſſe differente de la maſſe & de la viteſſe
qui produiſent la force d'un autre vent, enſorte que puisque les maſſes ſont comme les
viteſſes, les forces ſeront toûjours comme les
quarrés des viteſſes, au lieu que dans l'exemple de Statique ſuppoſant que c'eſt la même
maſſe qui tire en tout ſens, il eſt neceſſaire
que les forces ſoient comme les viteſſes, avec
leſquelles cette même maſſe tend à ſe mouvoir,*

O

ce qui fait que la regle de Statique pour la compofition des mouvements ne peut pas être admife dans le cas du Vaiffeau pouffé par deux vents, dont la direction eft perpendiculaire l'une à l'autre, & qui donnent perpendiculairement fur les deux voiles &c.

Mais quelques fpecieufes que paroiffent ces exceptions ou d'autres femblables, on trouvera, fi on les examine de prés, qu'elles ne contiennent aucune raifon folide, par laquelle on puiffe demontrer que le cas particulier du Vaiffeau pouffé continuellement par trois forces, fçavoir par celles des deux vents, & de la refiftance de l'eau, doive être exemté de la Regle generale de Statique, fuivant laquelle on conclud univerfellement & fans exception, que fi un poids mobile B, eft tenu en équilibre par la refiftance ou l'effort de trois puiffances dont les directions & quantités foient exprimées par les trois lignes B K, B I, B Y, chacune d'elles, B Y par Fig. XXVII. exemple, fera égale à la diagonale B H du parallelogramme K I fait par les lignes des deux autres puiffances B K, B I, & dans la même direction que cette diagonale, foit que l'angle K B I foit droit ou oblique.

Auffi

Aussi ne Vous êtes Vous avisé, Monsieur, de chercher ces exceptions que depuis que Vous avez reçû ma premiere Lettre, où j'ai montré les absurdités dans lesquelles on tomberoit, si on voudroit rejetter cette Regle generale de Statique, reconnuë de tous les plus sçavans Geometres ; Car Vous ne pouvez pas disconvenir, que Vous ne l'ayez d'abord nettement condamnée sans vouloir même admettre le cas des poids, témoin l'expression dont Vous Vous êtes servi dans Vôtre premiere Lettre, où Vous parlez en general de cette Regle comme *d'une pure tradition, qui avoit passée des Anciens Geometres jusqu'à nôtre temps, sans en avoir d'autre preuve que l'Autorité des grands Geometres* : Témoin aussi une des Lettres que Monsieur de M . . . . écrivit à mon Neveu, dans laquelle se trouvent ces mots ; *Si Monsieur Renau a raison, il faut reformer tout ce qui a été écrit en Mechanique jusqu'à présent, & en particulier celle de Mr. Varignon,* & par consequent aussi la Regle ou le principe de la composition pris dans toute son étenduë : Mais Vous commencez présentement d'en reconnoître la verité, au moins à l'égard des poids ; cette démar-

che,

che, Monsieur, Vous approche de moi, encore une ou deux pareilles, & j'aurai le plaisir de Vous voir de mon sentiment, mais c'est de quoi j'espere de venir enfin à bout.

Effectivement la distinction que Vous faites entre la force des poids & celle des vents n'est pas une raison d'admettre le principe de Statique à l'égard des Poids, & de le rejetter à l'égard des Vents ; car cette distinction ne regarde que les causes qui produisent ces forces ; Or il n'est pas question de sçavoir comment les forces sont produites, il suffit qu'elles soient existantes, de quelque cause qu'elles proviennent, elles feront toûjours la même impression, la même action, & par consequent le même effet, pourvû qu'elles soient appliquées d'une même maniere : Car dés qu'une force uniforme est continuellement appliquée sur un sujet, elle est dans ce sujet comme innée ou intrinseque ; Ce seroit prendre le change si pour raisonner de l'énergie des forces dans la Statique, on vouloit s'amuser à penetrer premierement la cause physique de la pesanteur, pour sçavoir si c'est une qualité intrinseque ou essentielle des corps,

com-

comme le prétendent les Peripateticiens,
ou si elle est causée par la pression externe de la matiere subtile qui compose
le tourbillon de la terre, selon la pensée
des Messieurs les Cartesiens ; ou enfin,
si, suivant quelques Anglois modernes,
elle consiste dans une attraction mutuel-
le des corps : De cette maniere on ne
seroit jamais assûré de la certitude d'u-
ne proposition de Statique, puisque si
elle étoit vraie dans le systeme d'Aristo-
te, elle seroit fausse selon Vòtre maniere de distinguer dans celui de Des-Car-
tes.

Je ne crois pas que Vous soyez for-
mellement dans le sentiment de vouloir
faire dépendre la certitude de la Statique de celle de la Physique : Cependant Vous voyez, Monsieur, que Vòtre
distinction emporte une telle dépendan-
ce, reflêchissez-y, je Vous en supplie, &
faites attention à l'exemple de Statique
que voici ; je m'en servirai comme d'un
Lemme, dont je tirerai la demonstration
de la construction que je Vous ai donnée,
pour determiner la route & la vitesse
du Vaisseau poussé par deux forces perpendiculaires l'une à l'autre.

O 3

Con-

Concevez donc, s'il Vous plaît, dans un plan Vertical, que le point mobile B **Fig. XXVIII.** foit attaché aux trois cordes B L N, B M O, & B P, dont les deux premieres faifant un angle droit L B M, paffent par deffus les deux poulies L & M, enforte que les portions repliées L N & M O & la troifiéme corde B P foient verticales : Aux extrêmités de ces trois cordes N, O, & P, foient auffi attachés par le milieu trois Plans horizontaux mobiles & fans pefanteur A C, D E, & F G, les grandeurs defquels foient aprés avoir prolongé P B en H, comme les finus des angles H B M, H B L, & L B M ; ou ce qui revient au même, comme les deux côtés B K & B I, & la diagonale B H du parallelogramme K I fait au tour du diametre B H. Suppofez, par exemple, que ces trois plans foient comme les trois nombres 3, 4, & 5 : Imaginez-Vous préfentement, qu'un vent vienne fondre de haut en bas fur ces trois plans fuivant les directions verticales L N, M O, B P, enforte que les plans recevant les impreffions du vent en raifon de leurs grandeurs, c'eft à dire des nombres 3, 4, & 5, ils tireront le point mobile B fuivant les trois directions B L,

B M

B M & B P, avec des forces qui feront dans la même raifon de 3, 4, & 5, ou de B K, B I, B H. De grace, Monfieur, je Vous demande, fi vous ne concevez pas clairement, que les trois cordes dans cette fuppofition feront bandées par la force du vent de la même maniere, qu'elles le feroient, fi au lieu des plans preffés par le vent, on chargeoit les extrêmités des cordes N, O, P, de trois poids équivalents, & partant auffi en raifon de 3, 4, & 5 : Vous direz donc que le vent & les poids feront le même effet fur le point B ; Or le point B feroit mis en équilibre dans la fuppo-fition des poids, ce que Vous m'accor-dez ; il le feroit donc auffi dans la fup-pofition du vent. Cela Vous paroît clair comme le jour, j'en fuis fûr, & qui eft-ce qui en douteroit ? Cependant c'eft là juftement le cas de nôtre que-ftion, ainfi il ne faut qu'un peu d'expli-cation pour achever la demonftration de ce que j'ai fait pour determiner la route & la viteffe du Vaiffeau pouffé à la fois par deux Voiles perpendiculai-res.

Car pour ce qui eft de la route, Vous ferez, Monfieur, fans doute d'ac-

O 4   cord

cord avec moi que sa direction doit être
celle suivant laquelle un troisiéme vent
donnant en sens contraire sur une voile
perpendiculaire *a*B*c*, pourroit contrebalancer les deux premiers vents, &
arrêter ainsi le Vaisseau en B. En considerant avec Vous les vents comme
n'étant pas infiniment rapides, je suppose pour une plus juste application à
nôtre cas, que les deux premiers vents
donnent sur les voiles du Vaisseau en
repos avec leurs vitesses relatives, c'est
à dire avec l'excés dont la vitesse absoluë du vent suivant B F excede la vitesse
uniforme B L que le Vaisseau auroit par
la seule impulsion de ce vent, comme
aussi avec l'excés dont la vitesse du vent
suivant B G surpasse la vitesse uniforme
B K que le Vaisseau auroit s'il étoit poussé par ce seul vent. Ainsi voilà le Vaisseau en B comme un point mobile tiré
& contrebalancé par trois puissances
suivant les trois directions B G, B F, &
B *m*; Or par le lemme précedent B *m*
prolongée sera la diagonale B H du parallelogramme K I, dont les côtés B K &
B I expriment la raison des deux autres
puissances, lesquelles sont comme les
quarrés des vitesses uniformes que le
Vais-

Vaiſſeau auroit étant pouſſé par chaque puiſſance laterale ſeparément, c'eſt a dire comme BK^2 & BL^2: C'eſt pourquoi le Vaiſſeau pouſſé à la fois par les deux puiſſances laterales ſans la troiſiéme ſuivra la route BH, qui ſeroit la direction de cette troiſiéme puiſſance. Ce qu'il falloit demontrer pour la route.

Quant à la viteſſe uniforme que ce Vaiſſeau aura, il eſt clair, qu'elle doit être porté à un tel degré, que la réſiſtance de l'eau qui en réſulte, puiſſe être égale à la troiſiéme puiſſance qui contrebalance les deux autres puiſſances laterales; puiſque par le Lemme précedent la troiſiéme puiſſance eſt exprimée par BH, on aura $\sqrt{BH}$, c'eſt à dire BO ou la moyenne proportionelle entre BH & l'unité BK pour la viteſſe du Vaiſſeau qui produit une réſiſtance égale à la troiſiéme puiſſance. Ce qu'il falloit auſſi demontrer pour la viteſſe.

Je me ſers ici du mot de *puiſſance* au lieu de celui de *force*, afin de me rendre plus intelligible, en faiſant voir que la force du vent n'a rien de ſingulier pour la diſtinguer d'un autre genre de puiſſance continuellement & uniforme-

ment

ment appliquée. Ainsi laissant là & les vents & les voiles, concevons deux *vertus magnetiques*, par exemple, qui fassent des efforts continuels & uniformes pour mouvoir le Vaisseau, l'une suivant la direction BG, & l'autre suivant la direction BF, sous telle condition, que la premiere vertu sans le concours de l'autre pourroit procurer au Vaisseau une vitesse uniforme exprimée par BK, & l'autre sans le concours de la premiere lui pourroit causer une vitesse uniforme designée par BL: Il suit de-là que leurs efforts seront comme le quarré de BK & le quarré de BL, c'est à dire comme BK & BI. Concevons présentement aussi qu'une corde B*m* retienne & empêche le Vaisseau d'obéïr aux efforts de ces deux vertus: Il est manifeste par le principe de Statique, sur lequel est fondé mon Lemme, que la corde prendra une situation qui sera dans la même direction que la diagonale BH, & que BH designera la force avec laquelle la corde se bandera: Nous voyons donc clairement, que le Vaisseau quoique arrêté par la corde ne laisseroit pas d'avoir une tendance continuelle à se mouvoir dans

la

I la direction B H ; fi bien que fi on rom-
poit tout à coup la corde, le Vaiffeau
commenceroit effectivement à fe mouvoir dans la route B H , & les vertus
continuant de faire toûjours les mêmes
efforts , fon mouvement s'accelereroit
de plus en plus fuivant B H, jufqu'à-ce
que la réfiftance qu'il trouveroit en fens
contraire fût précifement égale à la force, avec laquelle la corde fe bandoit
avant la rupture : De même que la
pefanteur ordinaire fait accelerer les
corps qui defcendent dans l'air, jufques
à ce qu'ils ayent acquis un degré de
viteffe, qui caufe dans l'air une refiftance précifement égale à leur pefanteur.

Au refte , Monfieur, j'efpere que
Vous ne Vous offenferez pas de la
franchife, avec laquelle je Vous décou-
vre mes penfées : Vous avez l'Efprit
trop clair-voyant pour n'appercevoir
pas la verité, & le cœur trop bien placé
pour ne la pas reconnoître, en quelqu'é-
tat qu'elle paroiffe ; auffi, Monfieur,
foûmets-je avec plaifir mes raifons à
Vôtre jugement, trop content fi convaincu de leur folidité, j'ai enfin le bon-
heur de Vous ramener à mon fentiment;

je

je croirai qu'il me fera bien glorieux d'avoir fait une fi belle conquête : Cependant quoiqu'il en arrive, je me recommande à l'honneur de Vôtre bienveüillance, & Vous fupplie d'ètre entierement perfuadé, que je ferai toûjours avec toute la Veneration dûë à Vôtre rang & à Vôtre merite,

MONSIEUR,

à Basle ce
7. 9bre 1713.

Vôtre trés - humble & trésobéiffant Serviteur

J. B.

TABLE

TABLE
DES CHAPITRES.

TABLE

CHAP.

DES CHAPITRES.

F I N.

Tab. 1.
Fig. I.
L
M
C
B
A
N
P
Fig. II.
D
G
P
N
L
S
H
F
B
M
Q
R
O
E
C
A
Fig. III.
G
V
I
D
A
R
K
L
B
S
M
C
A

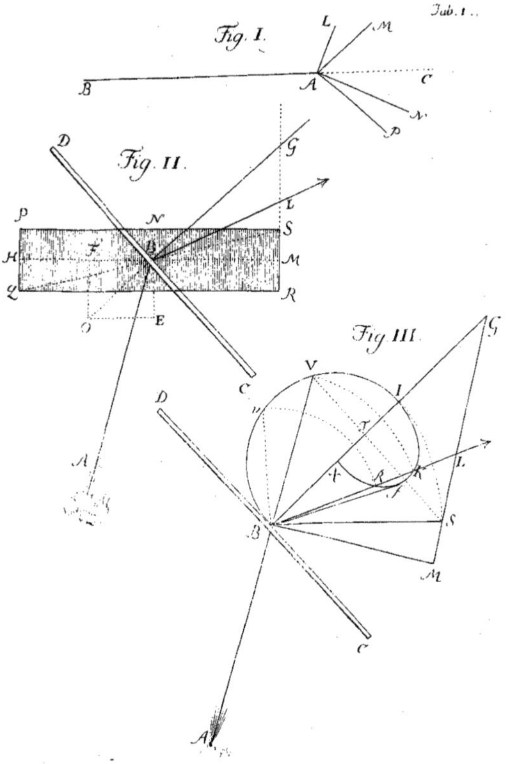

Tab. 2.
D
I
X
Fig. IV.
B
K
a
L
C
D
d d
Fig. V.
I
R
X
x
i
B
K
k
k
a
V
L
S
c c
C
A

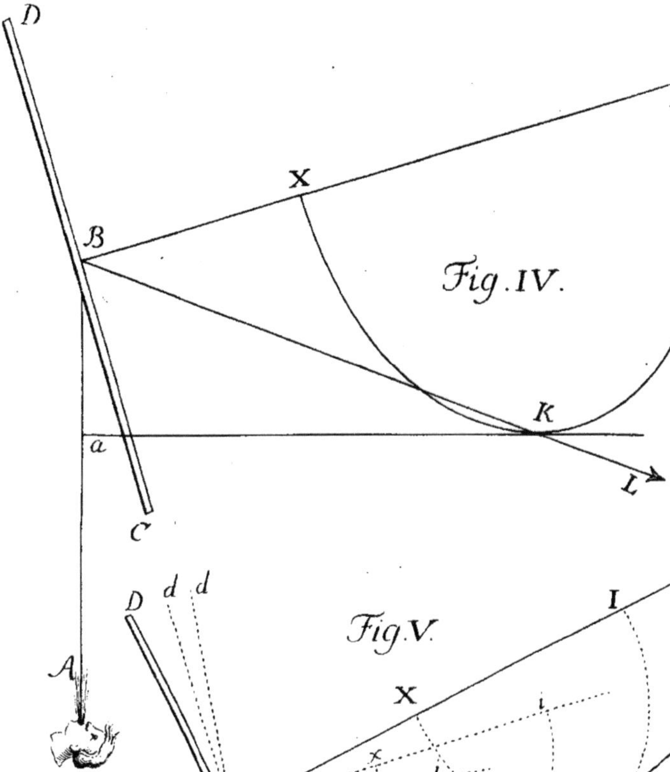

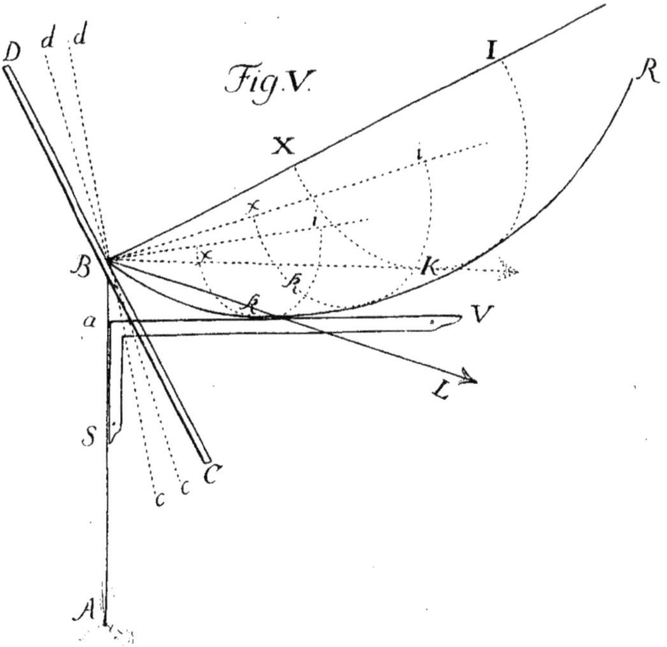

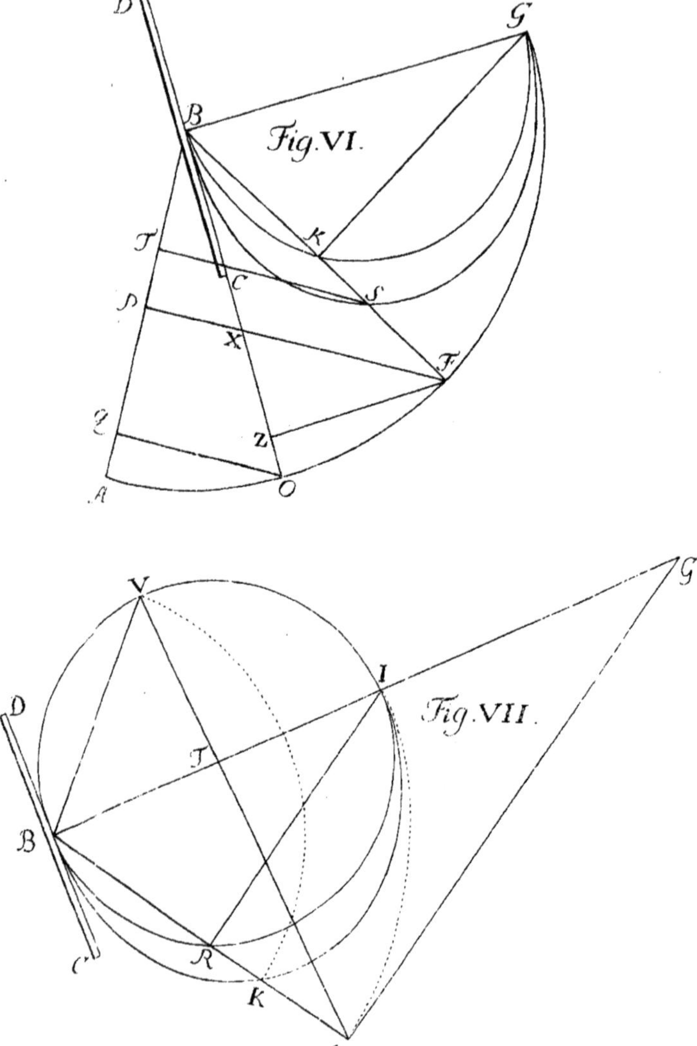
D
G
B
Fig. VI.
T
K
C
S
P
X
F
Q
Z
A
O
V
G
D
I
Fig. VII.
T
B
R
C
K
M

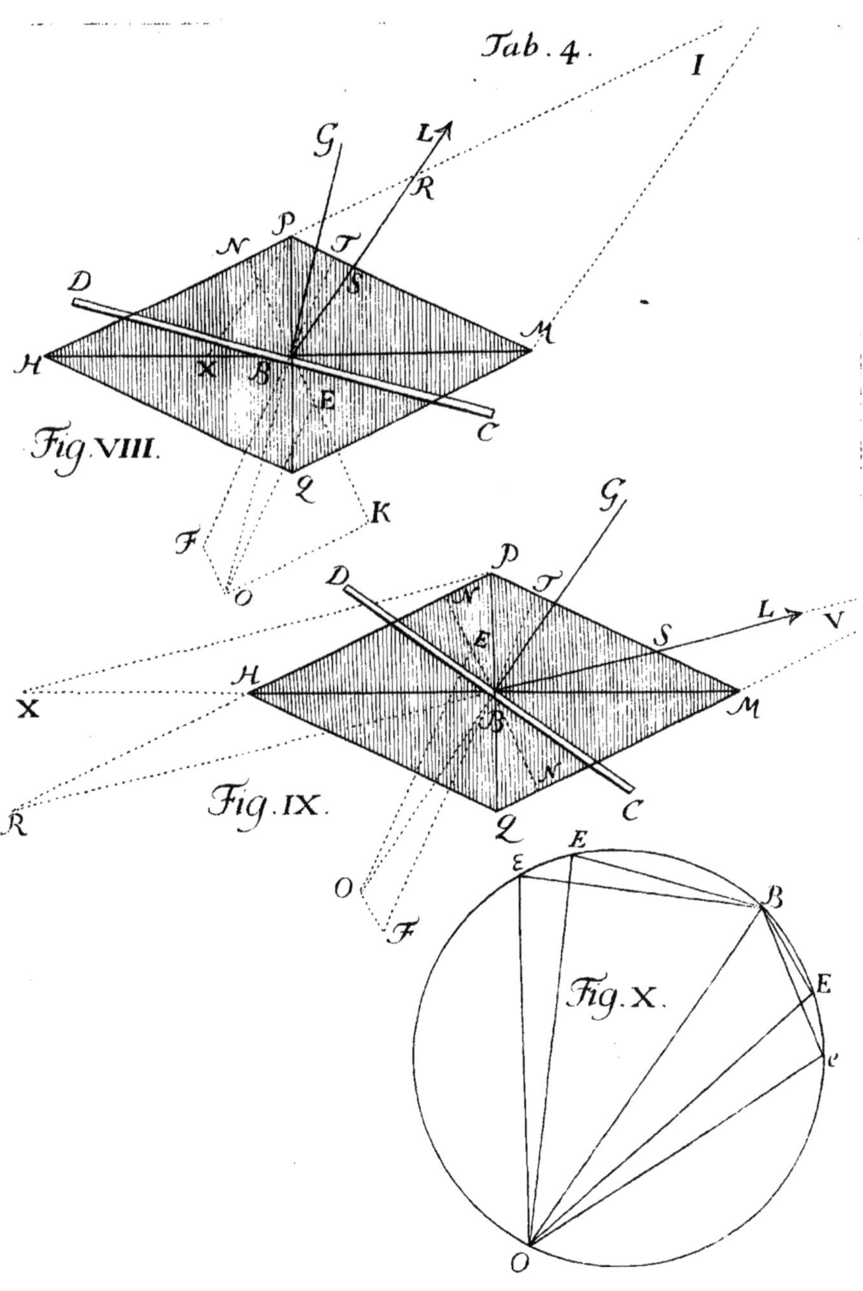

Tab. 4.
I
G
L
R
N
P
T
D
S
H
X
B
E
M
C
Fig. VIII.
Q
K
F
O
G
D
P
T
N
E
L
V
S
H
X
B
M
R
N
C
Fig. IX.
Q
O
F
E
E
B
E
Fig. X.
e
O

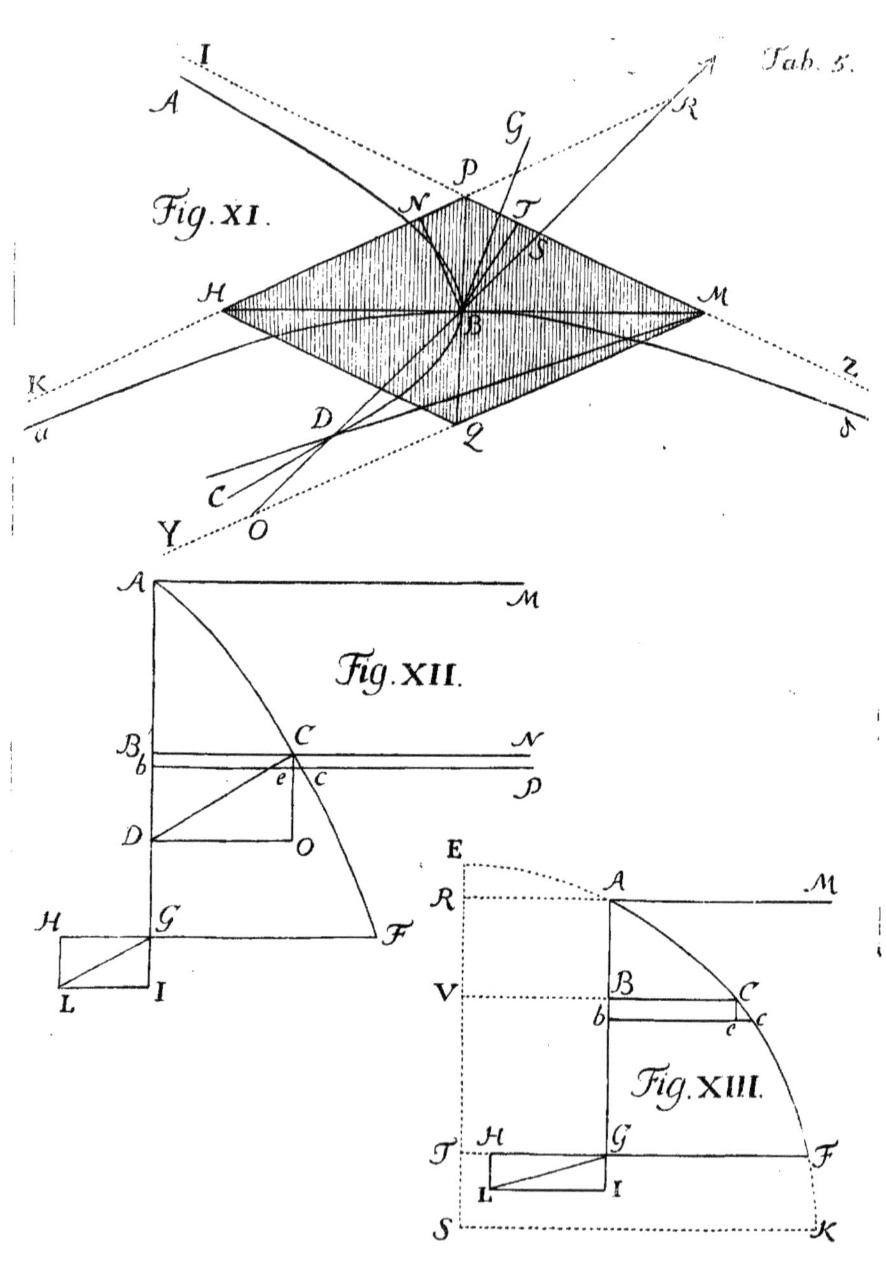

Tab. 5.
I
A
Fig. XI.
G
P
N
T
S
H
M
B
K
Z
a
D
Q
C
O
Y
A
M
Fig. XII.
B b
C
N
P
e c
D
O
H
G
F
L
I
E
R
A
M
V
B
C
b
c
Fig. XIII.
T
H
G
F
L
I
S
K

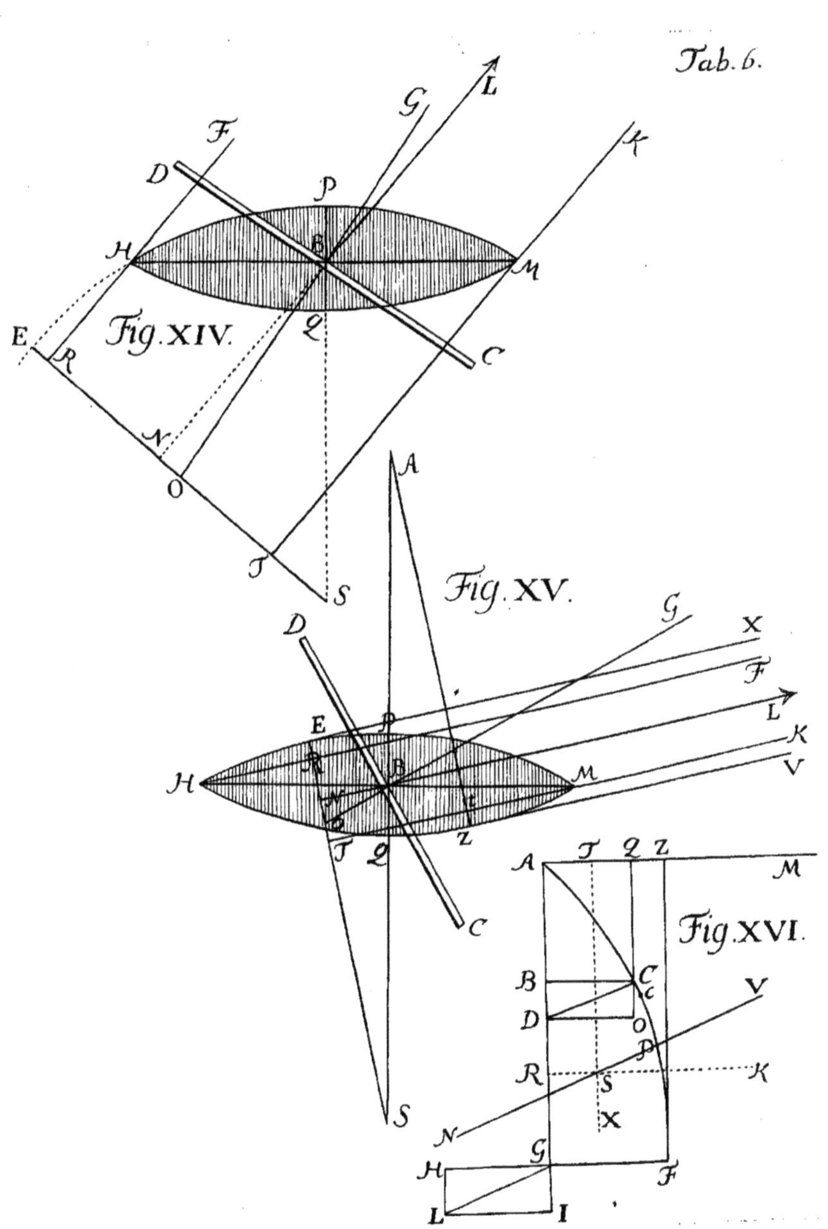

Tab. 6.
Fig. XIV.
Fig. XV.
Fig. XVI.

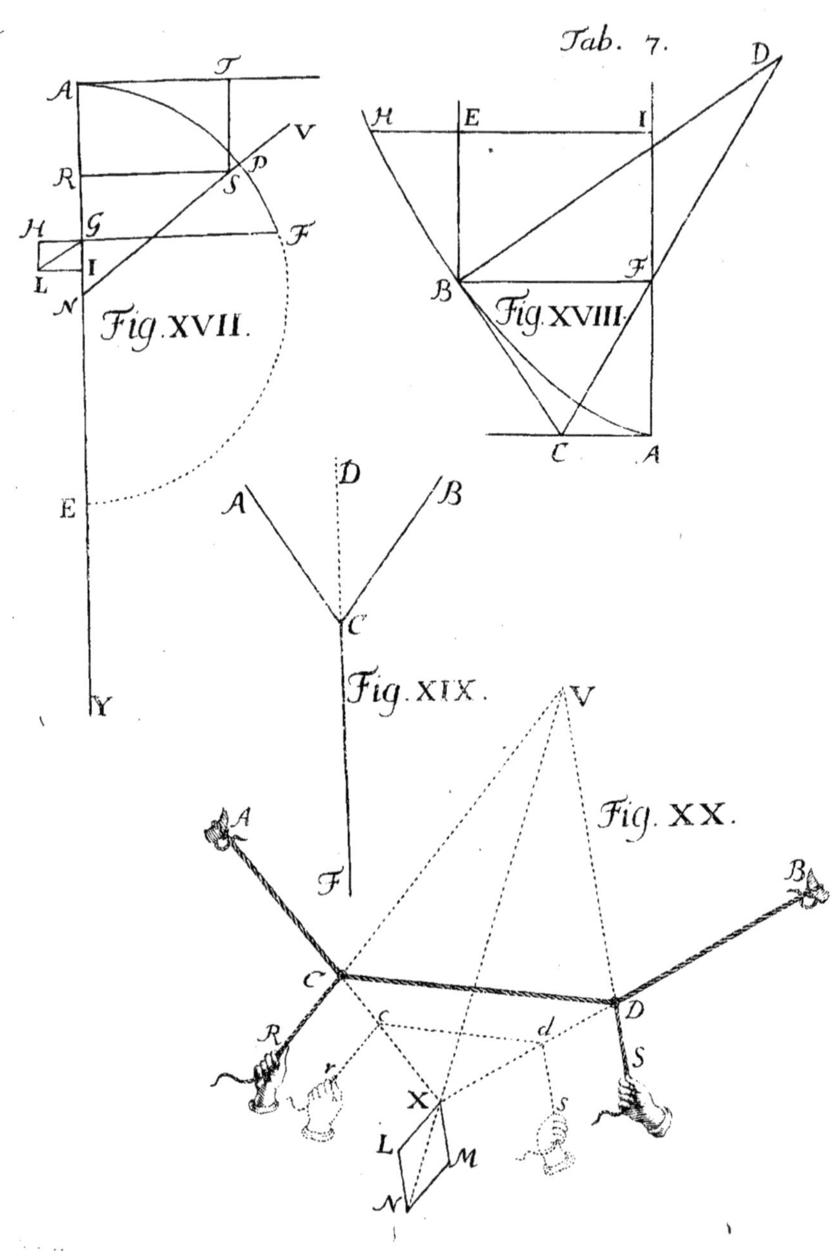

Tab. 7.
Fig. XVII.
Fig. XVIII.
Fig. XIX.
Fig. XX.

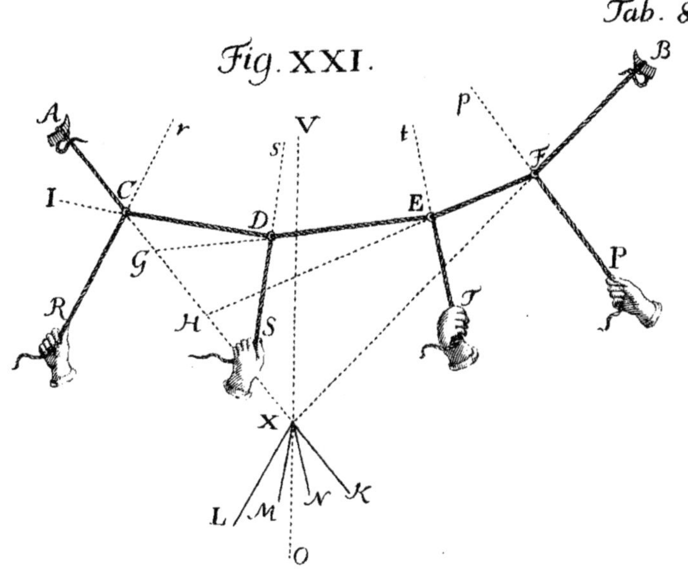

Fig. XXI.

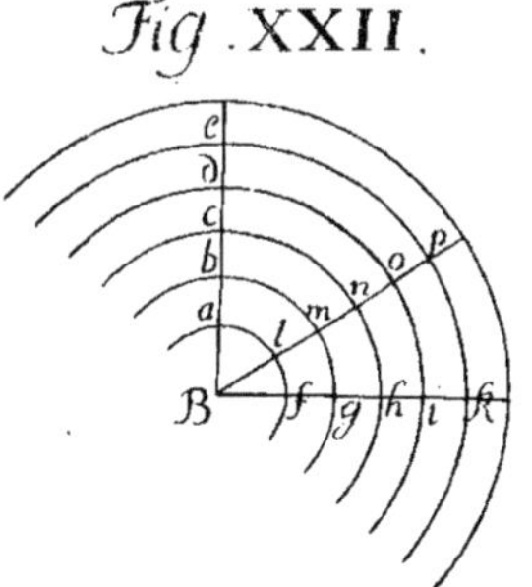

Fig. XXII.

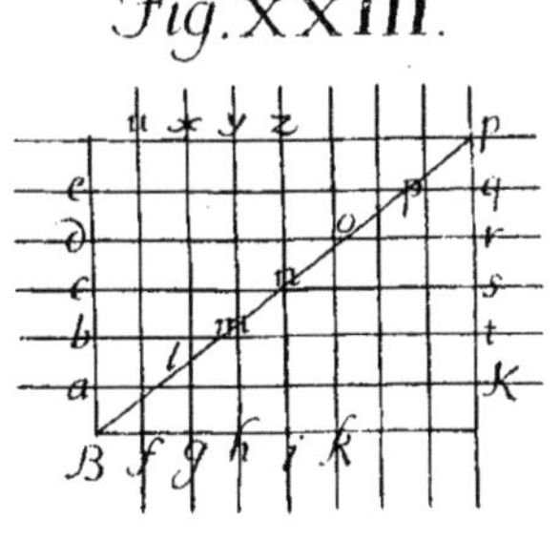

Fig. XXIII.

Tab. 9. 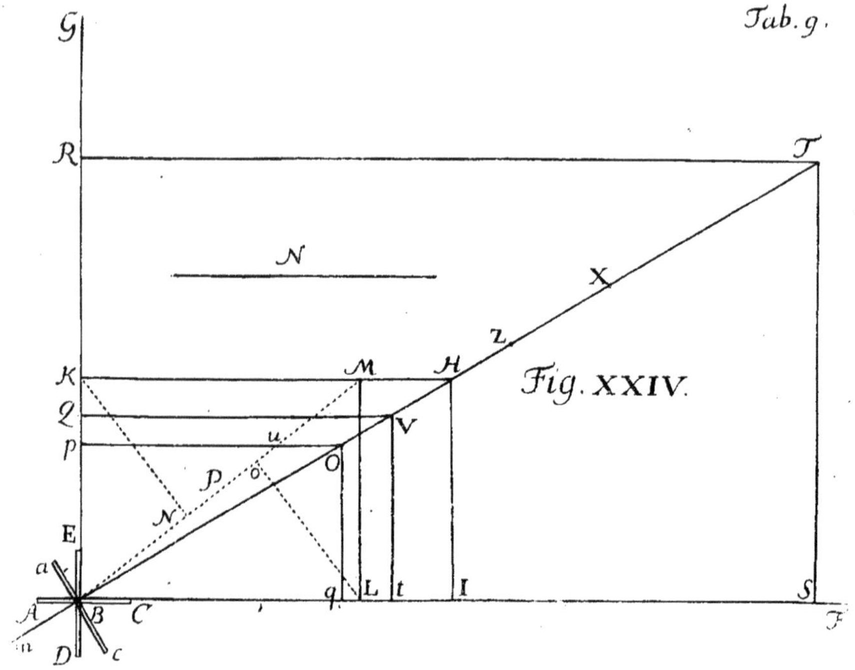
G
R
T
N
X
z
K
Q
M
H
Fig. XXIV. 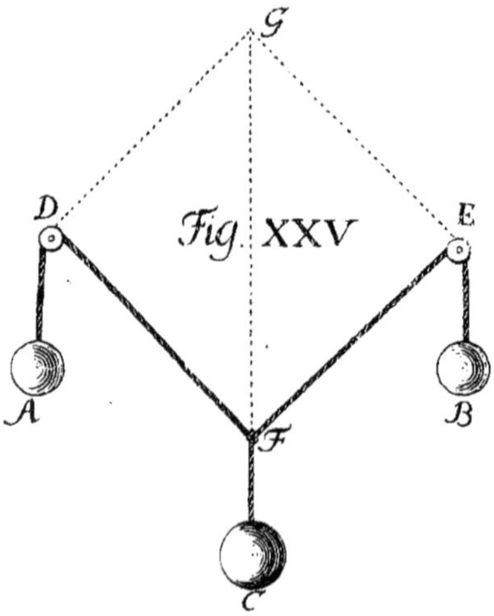
p
u
V
P
o
O
N
E
a
A B C
q L t I
S
n
D c
F
G
D
Fig. XXV 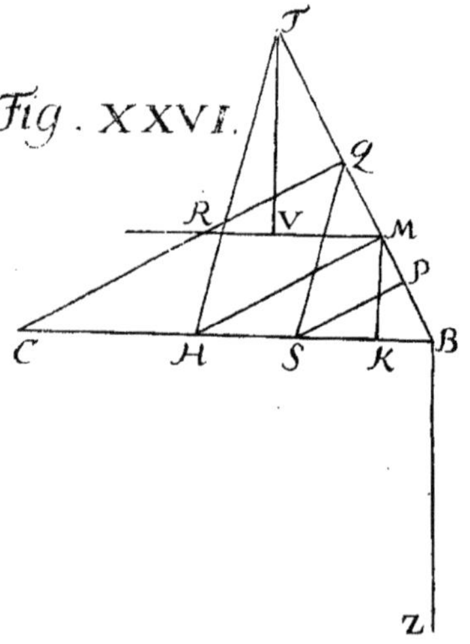
E
A
B
F
C
T
Fig. XXVI.
q
R
V
M
P
C
H
S
K
B
Z

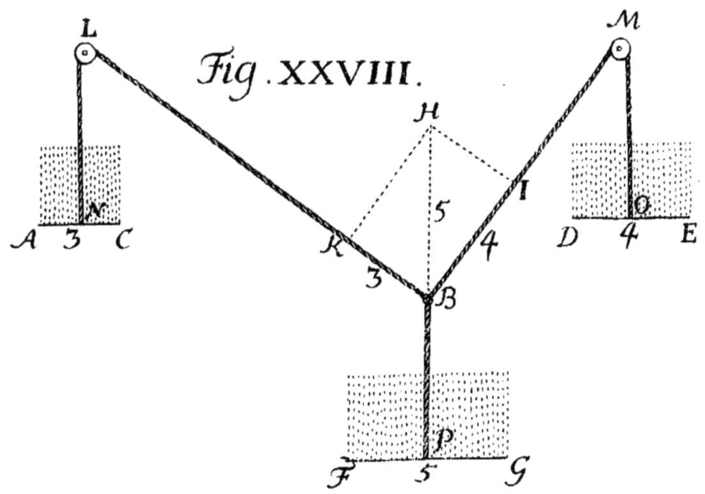
Fig. XXVII.
G
K
H
B
I
F
m
Y
Fig. XXVIII.
L
M
H
5
I
N
K
3
4
O
A 3 C
D 4 E
B
P
F 5 G

www.ingramcontent.com/pod-product-compliance
Ingram Content Group UK Ltd.
Pitfield, Milton Keynes, MK11 3LW, UK
UKHW020241180726
13839UKWH00001B/96